U0024035

大陸律師考試
必中攻略

大學畢業生培養
法律專業的第一本書

台灣法律人西進中國考試
必要的指南 >>

北京大學法學院博士班

吳天愛　著

推薦序

法律人前進中國市場的最佳入門指南

　　認識在勤業眾信工作的中國法律專家吳天愛，主要是過去碩士論文指導老師曾文雄博士的介紹，當時就對於天愛的學經歷與專業素養，感到十分的驚豔，畢竟對一個臺灣年輕人而言，可以擁有新加坡、澳門、臺北、北京的求學經驗，是一件相當罕見又很珍貴的學習過程。

　　當看到天愛所撰寫《大陸律師考試必中攻略》一書之內容時，著實認為真是一本不可多得的法律人必讀的、進入大陸法律市場的入門書，這本書集合天愛過去這幾年來在北京大學求學的所見所聞，以及法律考試專業領域的經驗，同時結合作者個人敏銳的觀察力，提出許多非常精闢的見解以及對大陸法律市場問題的探討，對亟欲擴大出路的臺灣法律系畢業生而言，無疑是又提供一條不錯的人生事業的選擇，而且對於想要投考大陸律師未來服務臺商的法律新鮮人，本書更是提供一個非常完整的答案，避免考生再走一些不必要的冤枉路。

　　在日益頻繁的兩岸交流過程中，臺商在大陸的法律問題只會越來越多，臺商如何在商業競爭中找出企業的定位之外，更重要的，可能是必須熟悉當地的法律規範，而且要有值得信任的律師

團隊，才能讓臺商的獲利有實質的保障，這也為未來更多有志於大陸法律商務市場的臺灣法律系學生，提供了一個市場的美好前景。

考生們可藉由閱讀本書，踏出成功的第一步，本人也藉由作者的觀念來與所有的讀者勉勵，更預祝所有的讀者讀完本書之後，皆能夠像本人一樣，有非常豐碩的收穫。

臺北海洋技術學院助理教授、北京中國人民大學博士後

法學博士　彭思舟

自序

　　自從中國大陸司法部公佈了今年開放臺灣居民可以參加中國大陸國家統一司法考試的消息後，就不斷接到許多臺灣朋友的電話，詢問有關考試的細節問題，才發現原來許多人（不僅是法律人）都對參加中國大陸的司法考試很有興趣，可是畢竟今年是第一年開放臺灣居民報考，許多資訊都還似是疑非、也無法確定資訊的正確性，有朋友甚至告訴我：「這個司法考試只開放給有大陸學歷的法律系報名。」這絕對是否定的，大陸的司法考試不僅允許非大陸學歷的人士報考、甚至不限法律本科系！另外，有關於學歷認証的問題，也是許多朋友想要瞭解的，目前坊間有許多代辦的機構，收費達上萬元，但是事實上學歷認証一點都不難，也絕對是自己就可以辦的到、辦的好的，所花費用卻不過 1 千多元，當然代辦機構提供了很大的便利性，但我希望的是，透過讓大家對整個考試資訊更清楚，提供更多的選擇方式，以作出最適合自己的判斷，回想自己多年前隻身前往大陸求學時，雖然臺灣學生到大陸求學已非新鮮事，但仍有不少資訊是無法確定、更多是道聽途說的錯誤消息，於是便有了希望能為有志報考大陸司法考試的朋友們，寫一本大陸司法考試的 Dummy 系列指南書。

　　透過多年與大陸法律系學生一起生活、讀書的過程，方能真實的體會他們參加司法考試的準備方式、過程與心情，以及參加大陸補習班準備考試的感想和方向，在書中與大家一同分享。

■目次

第 1 章　認識大陸司法考試

了解大陸司法考試

　　在準備大陸司法考試之前，對這個被大陸當地考生譽為「天下第一考」的考試必須要有正確的認知與了解，才能有效的掌握正確的考試訊息。如果有人告訴你說這個大陸司法考試很好考、很容易考的話，請你千萬不要相信他的話，雖然這段話我也曾經聽研究所的同學講過，不過大陸的同學之所以會這麼講並非沒有道理的，對他們而言，參加大陸司法考試是對過去大學四年所學的法學知識的一種總結和考驗，但對於臺灣的考生來說，卻是一次全新的挑戰，因此不管你的大陸朋友告訴你其實大陸司法考試很容易考，請你相信：「大陸司法考試絕對不是隨便念就會考上的考試。」

　　以下從 2007 年的大陸司法考試大綱中所列相關考試說明：
一、大陸司法考試的性質與測試目標司考
　　「大陸司法考試是國家統一組織的從事特定法律職業的資格考試。初任法官、檢察官和取得律師資格必須通過大陸司法考試。通過大陸司法考試的合格人員可以向司法部申請授予法律職業資格。

　　基於此，大陸司法考試的目標是通過科學、合理、公平、公正的考試方式和方法，檢驗應試人員是否具備擔任法官、檢察官和執業律師、公證員，從事法律職業所應具備的知識、能力。」

　　關於這個部份，有必要向大家說明一下的是，雖然港澳臺居民如今已經可以報考這個大陸司法考試，不過大陸司法考試本質上只是一個資格考試，所以即使考上了也不代表有機會（以目前情況）可以在中國大陸擔任法官或檢察官，與臺灣的司法官考試並不一樣，即使是大陸居民通過了大陸司法考試，也只是取得了資格，日後究竟是要擔法官、檢察官或是律師仍然要自求出路。

二、考試內容與考試科目

　　根據《大陸司法考試實施辦法（試行）》的規定，大陸司法考試的內容包括：理論法學、應用法學、現行法律規定、法律實務和法律職業道德。據此，並參照大陸教育部法學專業主幹課程的設置，2007 年大陸司法考試的科目為：法理學、法制史、憲法、行政法與行政訴訟法、刑法、刑事訴訟法、民法、民事訴訟法、商法、經濟法、國際法、國際私法、國際經濟法、司法制度與法律職業道德，共 14 個科目。

　　大陸司法考試在每年的四月份會由司法部編制、法律出版社出版的當年度的大陸司法考試輔導用書一共三冊以及大陸司法考試法律法規匯編，這四本書是準備大陸司法考試的官方版本（有關大陸司法考試用書的準備，會另章討論），三冊的輔導用書約2000 頁、法條大約在 3 萬條左右，數量其實可以說是相當的多，不過值得慶幸的是，相較於臺灣的律師考試，有官方的用書以及範圍（雖然還是很多、一樣是怎麼念都念不完）還是讓人感到一點安心、看到了一點的曙光。

三、考試方式

大陸司法考試採用閉卷筆試的方式，分兩天進行。

四、試卷結構與考試要求

2007 年大陸司法考試試卷的具體結構為：

試卷一：本卷共 100 道試題，由單項選擇題、多項選擇題、不定項選擇題組成。其中單項選擇題 50 題，每題 1 分；多項選擇題、不定項選擇題 50 題，每題 2 分。本卷分值 150 分，考試時間 180 分鐘。

本卷包括以下科目：法理學、法制史、憲法、經濟法、國際法、國際私法、國際經濟法、司法制度與法律職業道德。

試卷二：本卷共 100 道試題，由單項選擇題、多項選擇題、不定項選擇題組成。其中單項選擇題 50 題，每題 1 分；多項選擇題、不定項選擇題 50 題，每題 2 分。本卷分值 150 分，考試時間 180 分鐘。

本卷包括以下科目：刑法、刑事訴訟法、行政法與行政訴訟法。

試卷三：本卷共 100 道試題，由單項選擇題、多項選擇題、不定項選擇題組成。其中單項選擇題 50 題，每題 1 分；多項選擇題、不定項選擇題 50 題，每題 2 分。本卷分值 150 分，考試時間]80 分鐘。

本卷包括以下科目：民法、商法、民事訴訟法（含仲裁制度）。

試卷四：本卷主要由簡析題、分析題、法律文書題、論述題等題型組成。本卷分值 150 分，考試時間 210 分鐘。

本卷包括以下科目：法理學、憲法、行政法與行政訴訟法、刑法、刑事訴訟法、民法、商法、民事訴訟法。

以上四卷總分為 600 分。合格人員必須參加以上四卷的全部考試，且四卷中任何一卷不得為零分。應試人員各卷的考試成績當年有效：

當你對這大陸司法考試的難度有了基本的認知之後，就已經知道大陸司法考試的考試方式了：大陸司法考試共分為四卷，總分為 600 分，每卷的滿分是 150 分，答錯不扣分，卷一至卷三的題型皆為選擇題，每卷由三部份所組成：單項選擇題、多項選擇題及不定項選擇題，第四卷是主觀題，也就是類似與臺灣律師考試的申論題的題型。曾經有人問說，選擇題不是很簡單嗎？這有什麼難度嗎？大家一定要有一個概念，當法律考試是以選擇題的方式來測驗考生的時候，固然在題型的方式有了一定的區限性，也許不若申論題所需要考生對理論掌握的深度，但相對的考生必須對所考內容的概念有清晰的認識，選擇題的所考的重點就是：「你對考點的概念掌握的夠不夠清楚。」

臺灣學生對於大陸律師考試與行業常見的 30 個問題

Q1. 考大陸律師執照需要符合哪些條件與資格？

A： 大陸司法部宣佈今年臺灣居民可以參加大陸司法考試。符合以下列條件者，皆可以報名參加大陸司法考試：（1）具有臺灣居民身分；（2）具有完全民事行為能力；（3）具有高等院校法

律專業本科以上學歷,或者高等院校其他專業本科以上學歷具有法律專業知識;(4)行為良好,沒有犯罪紀錄;(5)沒有取得其他國家國籍。

但由於中國大陸不承認雙重國籍,因此在司法部宣佈開放臺灣居民報考中國大陸統一司法考試的記者會上,提到了參加報考的臺灣居民必須不具有外國國籍。

Q2. 大陸律師執照的錄取率是多少?是否像美國一樣,每一省份有限制錄取名額?

A: 大陸司法考試的錄取標準,是在考試結束後由司法部公佈確定當年度的錄取分數線,以去年為例,考試的總分為 600 分,錄取的分數線為 360 分,只要考試成績達到 360 分的考生,就通過了當年度的大陸司法考試。所以並沒有所謂的名額限制。

Q3. 臺灣考生的錄取名額是否有何特別規定?

A: 雖然目前大陸司法考試的具體的考試規則尚未公佈,不過參考港澳居民過去幾年的相關規定,可以百分之九十九的肯定,臺灣考生的錄取標準應該是與港澳考生是一樣,也就是說,沒有名額限制、沒有保障名額、沒有額外加分或是放寬錄取標準的規定。

Q4. 大陸律師執照所考的科目有哪些?型態為何?考試的重點為何?是否會出現考古題?

A: 大陸司法考試的考試科目為:法理學、法制史、憲法、行政法與行政訴訟法、刑法、刑事訴訟法、民法、民事訴訟法、商

法、經濟法、國際法、國際私法、國際經濟法、司法制度與法律職業道德，共 14 個科目。（可參見「大陸司法考試的範圍」）。

大陸司法考試中，重點的掌握非常重要，實施上百分之七十以上的題目都是集中在考試的 20~30%的重點內，有關大陸司法考試的重點，參考「科目介紹與準備方向」。

雖然在大陸司法考試中並不常見直接出現考古題的情形，不過並不代表考古題就不重要，有關考古題的相關問題，請參見「切莫忽視考古題的重要性」一節。

Q5. 大陸律師執照考試需要參考哪些書籍？

A： 相信考生們最關心的事，莫過於準備大陸司法考試究竟要看那些書。不可或缺的是要從每年由司法部委託法律出版社所出版的 2008 年大陸司法考試的法律法規匯編及 2008 年大陸司法考試輔導用書，共分三卷，這三本書是依照當年度司法部所公佈的大陸司法考試的考試大綱所編寫的，編排的方式就是分別按照各卷的考試內容分別的作編排，也就是說第一卷的考試內容就會在本書的第一卷，等於是把每一卷要準備的範圍就鎖定在各卷的輔導用書中，所以是準備考試不能不備的用書。

除了以上官方版的用書外，其他應該讀的書就類似參考書至於教科書了，如果把教科書（三卷的輔導用書及法條）讀的融會貫通，實際上有沒有其他的參考書已經不是重點了，不過，由於輔導用書的考點不夠突出，在機會成本的考量下，選擇適合的參考書可以稍微的減輕要準備的範圍，坊間有許多不錯的參考書可供大家參加，像在大陸比較多考生選擇的有《萬

國出版社》的專題系列，把各個科目分別以科目的重點作為專題的方式編列，另外，像北京大學出版社及法制出版社都有編制不同種類的參考書。

Q6. 大陸律師執照考試題目都是由哪些人出題？

A： 出題者是由司法部每年任命的出題委員所組成的，主要是法律界的學者。與臺灣不同的是，大陸考生比較沒有在猜出題老師的困擾，因為前三卷的選擇題題目實在太多了，猜誰會出題也沒有太大的意義。

Q7. 臺灣曾經有人考上大陸律師執照嗎？現在是否執業中？

A： 在 2002 年大陸實施大陸司法考試以前，曾經有三位臺灣的前輩通過了大陸的律師考試。除了一位已經過世以外，其他仍在執業中。

Q8.大陸律師執照考上後而真正執業的律師多嗎？

A： 事實上，不論是在臺灣、大陸或是其他國家如美國等，通過律師考試只代表了具有執業的資格，並非就業保障，要在律師行業中執業除了專業能力以外、客戶關係的維護等都是律師是否能繼續執業的關鍵。在中國大陸，通過大陸司法考試並完成實習，所代表的是具有了從事法律專業的一種職業資格，但並非所有通過的人都會成為執業律師，也有許多會從事法官、檢察官的工作。

Q9. 大陸律師的平均收入是多少？

A： 大陸幅員遼闊，不同地區的律師收入就可達百倍之距，更可況一位律師的身價與個人的專業能力、名聲、資歷息息相關，實在難以論定平均收入。不過若以大城市如北京、上海的律師事務所，剛進入律師行業的的律師一般在三千元至萬元人民幣左右，單以剛入行的律師在本土或是跨國事務所的收入差距，就足有三倍之多。

Q10. 臺灣人在大陸當律師的生命安全有保障嗎？

A： 中華人民共和國律師法第三十七條規定：「律師在執業活動中的人身權利不受侵犯。」

律師在法庭上發表的代理、辯護意見不受法律追究。但是，發表危害國家安全、惡意誹謗他人、嚴重擾亂法庭秩序的言論除外。律師在參與訴訟活動中因涉嫌犯罪被依法拘留、逮捕的，拘留、逮捕機關應當在拘留、逮捕實施後的二十四小時內通知該律師的家屬、所在的律師事務所以及所屬的律師協會。

Q11. 大陸人會找臺灣籍的大陸律師打官司嗎？

A： 開放臺灣居民報考大陸律師，對於中國大陸律師行業的正面效應正是通過良性競爭提昇律師的素養與服務品質。當事人選擇律師並不會在於該律師是否具有臺灣籍、或是大陸籍，律師本身的專業素質是否有能力達到當事人的需求，才是當事人是否願意選擇的關鍵。

Q12. 臺灣律師執照與大陸律師執照取得的難易度比較？

A： 臺灣律師考試目前的錄取率為 8%，大陸去年的通過率為 22%左右，若排除放寬地區的錄取人數，也大約在 10%以上，若是從錄取率來比較，大陸律師比臺灣的錄取率來的高。從考試的範圍以觀，大陸司法考試有官方出版的用書，等同是有範圍的考試，相較臺灣無邊無際的範圍，應該可以算是比較「簡單」。

Q13. 臺灣律師執照跟大陸律師執照的比較優勢？

A： 臺灣每年考上的律師執照的實習薪水都遂年下降的趨勢，所呈現的整個律師行業生長的放慢，相較起來，大陸的律師行業仍在發展的階段，未來的整個行業所需要的律師人數事實上是非常驚人的，在 2007 年的外商投資指導目錄中就可以發現在中國加入了 WTO 並已逐步對外資開放其入世所承諾開放的行業如金融服務業等，都將吸引更多的外資進入中國市場，另加上中國內地本身的產業也正轉型成為跨國性企業，這些都是需要有法律人才的協助，而取得大陸的律師執照也正是踏入中國大陸法律服務行業的一塊敲門磚。

Q14. 大陸人考大陸律師執照有像臺灣一樣在補習的嗎？

A： 關於考試是否參加補習班，事實上是非常個人的選擇，不過與臺灣相同的是，許多準備參加大陸司法考試的大陸考生，也會參加當地舉辦的補習班，目前大陸的大部分地區也已經有許多有名的大陸司法考試補習班，不過仍有不少大陸考生會不辭勞苦的到北京參加大陸司法考試的補習班，據說有不少考生認為補習班的本部大多設在北京，因此名師也主要集中在北京之故。

Q.15 大陸人對於律師這一行的評價如何？

A： 被譽為「天下第一考」的大陸司法考試，對大陸的考生來說，除了是對自我能力的一種肯定外，律師行業的薪水相較於其他一般白領工作也是比較高的，不過由於大多數的中國人不免仍有官本位的思想，在法官、檢察官與律師之間，也許有不少人會認為法官、檢察官的地位比較高。另外，由於整個律師行業的發展實際上仍在起步的階段，有些民眾對於律師的信任仍需要時間去建立，不過，隨著社會的法制化、及律師所承擔的社會責任的增加，都會逐步的提昇律師行業在大陸民眾心中的地位。

Q16. 在大陸執業當律師較常經手哪一方面的案子？

A： 事實上律師行業就是專業導向的行業，因此各個不同領域的區分是必要的，即使是綜合型的律師事務所，也至少會區分民、刑、行政類型的案子，在大型的律師事務所，專業的區分就更細緻，因此執業會經手那些類型的案子，主要是以律師本身的專業作為區分的。

Q17. 大陸律師執照考試可以帶法典嗎？

A： 大陸司法考試不能帶法典，也不會發任何法典供考生查閱。

Q18. 大陸律師執照考試時間通常在什麼時候？

A： 過去二、三年，大陸司法考試都安排在九月的第二個周末，具體的時間會在七月報名的時候公佈。不過，由於今年的大陸的

法定節假日有所調整，今年九月的第二個周末正是中秋節，也是大陸新增的法定節假日、另加上正值大陸的冬運會，因此有可能會使大陸司法考試的日期與過去不同，有可能會延後大陸司法考試的考試日期。

Q19. 考上大陸律師執照的臺灣籍律師有機會出庭辯護嗎？

A： 目前有關臺灣居民可報考大陸司法考試的相關規定還沒有完全的公佈，在通過大陸司法考試後執業的規定，有待司法部進一步公佈。

Q20. 臺灣人前往大陸報考律師執照除了考試科目外，還需要哪些事前準備？

A： 考生欲報考大陸司法考試，除了考試科目的準備以外，當然最重要的就是準備報名的文件資料、考試的行程安排。

　　報名文件的準備：1.沒有辦過臺胞証的臺灣考生，可先準備去辦理臺胞証，報名的時候有很大的可能會需要提交臺胞証。2.除了拿大陸學歷証書的考生以外，如果是以其他國家包括臺港澳等地的學歷証書的考生，可以先至中國的大陸教育部留學服務中心認証學歷証書。

行程安排：在確定了報名地點以後，就可以儘早安排機位及將下榻的飯店。

Q21. 大陸律師執照必須是就讀法律本科系的嗎？

A： 報考大陸律師並不限於法律系的學生，依據大陸司法考試的報名條件，只要具有高等院校法律專業本科以上學歷，或者

高等院校其他專業本科以上學歷具有法律專業知識，就可以報考大陸司法考試。前述高等院校，依據《中華人民共和國高等教育法》第六十八條的規定，是指大學、獨立設置的學院和高等專科學校，其中包括高等職業技術學校和成人高等學校。

Q22. 大陸律師執照有年齡限制嗎？

A： 依據大陸司法考試的報名條件，報名者需具有完全民事行為能力，按大陸民法需年滿二十歲。

Q23. 大陸律師執照的考試機會次數有限制嗎？

A： 目前大陸司法考試並沒有次數的限制。

Q24. 大陸律師執照考試為期幾天？

A： 大陸司法考試共四卷，上午、下午各考一卷，考試時間為二天的上午及下午。

Q25. 大陸律師考上後需要實習嗎？如要，則多久時間才可正式成為執業律師?

A： 在通過大陸司法考試後，取得「法律職業資格證書」，需要在律師事務所實習滿一年，才能向大陸司法主管部門申請律師執業證，才算是正式取得律師的執業資格。

Q26. 大陸的實習律師有薪水嗎？

A： 實習律師能得到多少薪水，這就各憑本事向律師事務所爭取了。一般在北京的律師事務所都會支付實習律師一千至三千元人民幣的薪水，畢竟實習期長達一年，如果完全沒有薪水，對實習律師而言，也是相當大的生計問題，不過的確曾有聽說有許多律師事務所認為實習律師對律師事務所的貢獻有限，因此不願意支付薪水的情況存在，當然，最後究竟能在實習期間領到多少薪水，還是個人的造化。

Q27. 臺灣籍大陸律師是否可以在大陸的大學兼課當講師？

A： 根據中華人民共和國律師法第十二條規定：「高等院校、科研機構中從事法學教育、研究工作的人員，符合本法第五條規定條件的，經所在單位同意，依照本法第六條的程序，可以申請兼職律師執業。」換言之，在大學任教與律師執業並不衝突。

Q28. 臺商是否比較喜歡找臺灣籍的大陸律師辦案？

A： 許多的臺灣考生在參加大陸司法考試時，也許心裡面都會有一個願景，認為如果能成大陸的執業律師，應該能夠獲得在大陸臺商的青睞吧！事實上，如果參加大陸司法考試的考生們，所看到的前景僅僅是成為臺商在大陸的「御用律師」，就未免太妄自菲薄了，若是有專業能力的再加上嫻熟兩地的法律、稅賦協定、以及本土律師所欠缺的國際觀，在大陸執業的臺籍律師舞臺絕對不僅是臺商而已。

Q29. 大陸律師平均辦理一個案件的收費標準是多少？

A： 案件的服務收費可以根據不同的服務內容，採取計件收費、按標的額比例收費和計時收費等方式。計件收費一般適用於不涉及財產關係的法律事務、按標的額比例收費適用於涉及財產關係的法律事務、計時收費可適用於全部法律事務。

　　律師服務收費又分為政府指導價和市場調節價，以下五種案件提供法律服務實行政府指導價：（一）代理民事訴訟案件；（二）代理行政訴訟案件；（三）代理國家賠償澳案件；（四）為刑事案件犯罪嫌疑人提供法律諮詢、代理申訴和控告、申請取保候審，擔任被告人的辯護人或自訴人、被害人的訴訟代理人；（五）代理各類訴訟案件的申訴。這政府指導價的基準價和浮動幅度由各省、自治區、直轄市人民政府價格主管部門會同同級司法行政部門制定。

Q30. 大陸是否也有像臺灣一樣的律師公會？

A： 大陸也有律師行業協會。

考前的準備工作

　　自 2004 年度起，大陸司法考試開始對港澳居民開放，當年度的消息也是在四月份的時候公佈，直到七月開始報名的時候，司法部就對於港澳居民參加大陸司法考試發佈了相關的公告。

中華人民共和國司法部

公告

(第 75 號)

依據《中華人民共和國法官法》、《中華人民共和國檢察官法》、《中華人民共和國律師法》、《中華人民共和國公證法》（以下分別簡稱《法官法》、《檢察官法》、《律師法》、《公證法》）及《國家司法考試實施辦法（試行）》的有關規定，現就 2008 年國家司法考試有關事項公告如下：

一、報名

(一) 報名條件。

1、符合以下條件人員，可以報名參加國家司法考試：

(1) 具有中華人民共和國國籍；

(2) 擁護《中華人民共和國憲法》，享有選舉權和被選舉權；

(3) 具有完全民事行為能力；

(4) 具有高等院校法律專業本科以上學歷，或者高等院校其他專業本科以上學歷具有法律專業知識；

(5) 品行良好。

依據《司法部關於確定國家司法考試放寬報名學歷條件地方的意見》（司發通[2007]38 號）和《國務院辦公廳關於中部六省比照實施振興東北地區等老工業基地和西部大開發有關政策範圍的通知》（國辦函[2007]2 號），各省、自治區、直轄市所轄自治縣（旗），各自治區所轄縣（旗），各自治州所轄縣；國務院審批確定

的國家扶貧開發工作重點縣（縣級市、區）；中部六省比照實施西部大開發有關政策的縣（市、區）（不屬於國家或省扶貧開發重點的縣級市、區除外）；西部地區（除西藏外）11 省、自治區、直轄市所轄縣（包括省級扶貧開發工作重點縣級市、區和享受民族自治地方政策的縣級市、區）；西藏自治區所轄市、地區、縣、縣級市、市轄區，可以將報名的學歷條件放寬為高等院校法律專業專科學歷，這一政策的適用期限截至 2011 年 12 月 31 日。

普通高等學校 2009 年應屆本科畢業生可以報名參加國家司法考試。

持香港、澳門、臺灣地區或外國高等院校學歷（學位）證書的人員，其學歷（學位）證書經教育部留學服務中心認證後，可以報名參加國家司法考試。

2、有下列情形之一的人員不能報名參加國家司法考試，已經辦理報名手續的，報名無效：

(1) 因故意犯罪受過刑事處罰的；

(2) 曾被國家機關開除公職的；

(3) 曾被吊銷律師或公證員執業證的；

(4) 依照《國家司法考試實施辦法（試行）》第十八條規定，被處以 2 年內不得報名參加國家司法考試，期限未滿的；或被處以終身不得報名參加國家司法考試的。

3、已經通過國家司法考試取得 A 類法律職業資格證書的人員，以及已經取得 B 類法律職業資格證書但尚未取得高

等院校本科以上畢業學歷的人員，不得再次報名參加國家司法考試。

(二) 報名方式、時間與地點。

1、2008 年國家司法考試的報名方式分為網上預報名和現場報名。

2、2008 年國家司法考試網上預報名時間為 6 月 11 日至 25 日。報名人員應在上述期間內登錄司法部網站（即中國普法網，網址：http://www.legalinfo.gov.cn）進行網上預報名。

3、2008 年國家司法考試現場報名時間為 7 月 1 日至 20 日。網上預報名的人員須在上述期間內到報名地司法行政機關指定的報名點進行確認；未網上預報名的報名人員可在上述期間內，由本人到戶籍所在地市（地）司法行政機關指定的報名點進行現場報名。

　　各地司法行政機關可以根據本地區報名工作的實際需要，在上述規定的期限內確定具體的現場報名時間，並向社會公佈。

4、報名人員應當在規定的時間內，由本人到戶籍所在市（地）司法行政機關指定的報名點進行現場報名或確認。在戶籍所在地以外工作、學習的人員，持工作、學習單位開具的證明可以在工作、學習地報名。

(三) 報名材料。報名人員報名時，應當提交以下材料：

1、本人有效身份證件（居民身份證、軍官證、士兵證）原件及複印件。

　　持護照報名參加國家司法考試的人員報名時須同時提交本人有效身份證件證明或戶籍證明。

2、本人學歷證書原件及複印件。

　　普通高等學校 2009 年應屆本科畢業生憑所在院校出具的證明（格式證明可在司法部網站下載）報名。

　　持香港、澳門、臺灣地區或外國高等院校學歷（學位）證書的人員報名時，須同時提交教育部留學服務中心出具的學歷（學位）認證證明。

3、戶籍在放寬報名學歷條件地區的報名人員，須提交戶籍證明複印件（列印版）；報名表中所填寫的戶籍代碼應與戶籍地一致。

4、報名人員報名時，應當交納報名費。

　　上述報名材料真實、齊全，符合報名條件的，由報名地司法行政機關發給准考證主證。經省級司法行政機關復審合格，生成准考證副證，由報名人員自行從司法部網站下載。

二、考試

(一) 考試時間。

　　2008 年國家司法考試時間為 9 月 20 日、21 日。具體為：

　　試卷一：9 月 20 日上午 08：30-11：30，考試時間 180
　　　　　　分鐘。

　　試卷二：9 月 20 日下午 14：00-17：00，考試時間 180
　　　　　　分鐘。

　　試卷三：9 月 21 日上午 08：30-11：30，考試時間 180
　　　　　　分鐘。

　　試卷四：9 月 21 日下午 14：00-17：30，考試時間 210
　　　　　　分鐘。

(二) 考試內容、方式和科目。

國家司法考試內容包括：理論法學、應用法學、現行法律規定、法律實務和法律職業道德。

國家司法考試實行全國統一命題，命題範圍以司法部制定並公佈的《2008 年國家司法考試大綱》為准。

2008 年國家司法考試採用閉卷、筆試的方式。考試分為四張試卷，每張試卷分值為 150 分，四卷總分為 600 分。試卷一、試卷二、試卷三為機讀式選擇試題，試卷四為筆答式實例（案例）分析試題。各卷的具體科目為：

> 試卷一：綜合知識。包括：法理學、法制史、憲法、經濟法、國際法、國際私法、國際經濟法、司法制度與法律職業道德；
>
> 試卷二：刑事與行政法律制度。包括：刑法、刑事訴訟法、行政法與行政訴訟法；
>
> 試卷三：民商事法律制度。包括：民法、商法、民事訴訟法（含仲裁制度）；
>
> 試卷四：實例（案例）分析。包括：法理學、憲法、行政法與行政訴訟法、刑法、刑事訴訟法、民法、商法、民事訴訟法。

2008 年國家司法考試試卷使用漢文、哈薩克文、維吾爾文、蒙古文、藏文和朝鮮文等文字印刷，新疆、內蒙古、西藏自治區和吉林省報名人員在報名時可以根據本人情況選擇使用少數民族文字試卷。

(三) 考試紀律。

應試人員應當認真閱讀《國家司法考試應試規則》和《國家司法考試違紀行為處理辦法》，自覺遵守考試紀律，自覺維護考場秩序。

(四) 試題參考答案異議。

為確保國家司法考試公平、公正，進一步增加國家司法考試的透明度，司法部將在 9 月 22 日上午 8 時向社會公佈考試試題，在 9 月 25 日上午 8 時公佈考試試題參考答案。應試人員對試題參考答案有異議的，可在 9 月 25 日至 30 日期間登錄司法部網站，在該網站「2008 年國家司法考試試題參考答案異議專區」中對試題參考答案提出異議並說明理由。司法部將組織專人收集、整理各方面對試題參考答案提出的意見，並在試卷正式評閱工作開始前提交「試題參考答案審查專家組」研究、論證。經「試題參考答案審查專家組」論證的參考答案為試卷評閱的依據。

三、考試成績與資格授予

國家司法考試實行全國統一評卷。評卷工作結束後，考試成績由司法部國家司法考試辦公室公佈。

根據《國家司法考試實施辦法（試行）》的規定，2008 年國家司法考試的合格分數線，待考試結束後，由司法部商最高人民法院、最高人民檢察院確定公佈。

通過國家司法考試的人員，由司法部統一頒發《法律職業資格證書》。戶籍在放寬報名學歷條件地區的法律專業專科學歷畢業人員，在非放寬地區或其他放寬地區報名、考試的，考試成績達到合格分數線，應當在戶籍所在地申請授予法律職業資格。

　　參加國家司法考試成績合格的普通高等學校 2009 年應屆本科畢業生，應在 2009 年 7 月 31 日前，持考試合格成績通知書和畢業證書向報名地司法行政機關申請授予法律職業資格。

　　考試合格並獲得《法律職業資格證書》的人員，擔任法官、檢察官，申請律師執業和擔任公證員，應當符合《法官法》、《檢察官法》、《律師法》和《公證法》規定的其他條件。

四、考試的復習與輔導

　　根據《國家司法考試實施辦法（試行）》的規定，司法部已制定出版《2008 年國家司法考試大綱》，報名參加國家司法考試的人員可依據該大綱進行復習、備考。

　　司法部不舉辦考前培訓班，也不委託任何單位進行 2008 年國家司法考試考前培訓輔導。

五、其他

　　根據四川汶川地震災情，四川省成都市、德陽市、綿陽市、廣元市、雅安市、阿壩藏族羌族自治州等 6 個市（州）62 個縣（市、區）延期舉行 2008 年國家司法考試，具體安排另行公告。四川其他地區及受地震災害影響的甘肅、陝西、重慶、雲南等省（市）報名時間延長至 7 月 31 日，報名方式由各地考試機構自行安排，公告發佈。

　　根據《香港特別行政區和澳門特別行政區居民參加國家司法考試若干規定》，司法部在香港特別行政區和澳門特別行政區設立考區，舉行國家司法考試。根據《臺灣居民參加國家司法考試若干規定》，自 2008 年起，臺灣地區居民可報名參加國家司法考試。上述具體事項由司法部國家司法考試辦公室另行公告，應試人員可登錄司法部網站查詢。

現役軍人報名參加國家司法考試事宜，仍按司法部與解放軍總政治部聯合發佈的《關於組織軍隊現役人員參加 2002 年國家司法考試有關問題的通知》（[2002]政辦字第 5 號）辦理。

二〇〇八年六月六日

今年度有意願參加大陸司法考試的臺灣考生，可以參考下列相關規定：

中華人民共和國司法部國家司法考試辦公室公告

依據《國家司法考試實施辦法（試行）》和《香港特別行政區和澳門特別行政區居民參加國家司法考試若干規定》（司法部令第 94 號）及《中華人民共和國司法部公告》（第 75 號）的有關規定，現就香港特別行政區和澳門特別行政區居民報名參加 2008 年國家司法考試的具體事項公告如下：

一、報名方式、時間與地點

(一) 2008 年在香港和澳門考區參加國家司法考試的報名方式為：網上預報名和現場報名。

1、網上預報名時間為 6 月 11 日至 25 日；現場報名時間為：7 月 5 日至 20 日。

報名人員應在上述時間內登錄司法部網站（網址附後）在港澳居民預報名通道進行網上預報名。隨後，按照本考區規定的現場報名時間和地點到報名處辦理審核確認。

未在網上預報名的報考人員，也可以按照本考區規定的現場報名時間和地點到報名處辦理報名手續。

2、香港、澳門考區報名處地址和受理報名時間是：

國家司法考試香港特別行政區報名處設在香港考試及評核局所在地。地址為：香港九龍新蒲崗爵祿街 17 號 3 樓。受理報名時間：星期一至星期五 8：30-17：00，星期六 9：00-12：00（星期日及公眾假期休息）。

國家司法考試澳門特別行政區報名處設在澳門法務局。地址為：澳門水坑尾街 162 號公共行政大樓十九樓。受理報名時間：星期一至星期五 9：00-17：30，星期六 9：00-12：00（星期日及公眾假期休息）。

(二) 在內地報名參加考試的香港和澳門居民可登錄司法部網站，在港澳居民預報名通道進行網上預報名；隨後，按照本地區規定的現場報名時間、地點到報名現場進行審核確認。未進行網上預報名的，也可以到報名現場辦理報名手續。

二、報名材料

香港、澳門居民報名時須提交以下材料：

(一) 2008 年國家司法考試報名表（港澳居民）一式兩份。

報名人員可以登錄司法部網站或承辦報名的考試機構網站，按照要求真實、準確地填寫《2008 年國家司法考試報名表（港澳居民）》，下載後簽署本人承諾提交給考試機構工作人員審驗；也可以在報名現場，對考試機構提供的具有本人資訊的報名表進行確認；還可以直接在報名現場由考試機構工作人員協助填寫報名表，核對簽字後，提交審驗。

(二) 身份證件及經過公證後的複印件各一份。

1、符合報名條件的香港、澳門永久性居民報名時需提交：
香港、澳門永久性居民身份證和特別行政區護照或香
港、澳門居民來往內地通行證（回鄉證）。

2、符合報名條件的香港、澳門非永久性居民報名時需提
交：香港、澳門居民身份證和香港、澳門居民來往內地
通行證（回鄉證）。

不能提交特別行政區護照、來往內地通行證（回鄉
證）的，應提交由特別行政區身份證明機關出具的未放
棄中國國籍的相關證明（香港居民亦可提交根據香港法
例第十一章《宣誓及聲明條例》作出的證明未申請放棄
中國國籍的法定聲明）。

3、曾經報名參加國家司法考試的香港、澳門居民，已經由
香港、澳門公證人公證過的同一有效身份證或身份證明
複印件，可免于重新進行身份證或身份證明複印件的公
證。在報名時，本人應提交已經公證過的同一有效身份
證或身份證明複印件，同時作出身份證明內容未發生變
更的書面承諾。

報名時，上述身份證件原件經現場審驗後即行退
回；經公證後的複印件由報名處留存。

(三) 學歷（學位）證書。持港、澳、臺地區或外國學歷（學
位）證書的，須提交由教育部留學服務中心出具的學歷
（學位）認證書及複印件各一份。

已完成學業但因學制原因尚未取得畢業證書的香港、
澳門報名人員，可以憑所在院校出具的畢業證明書向教育
部留學服務中心申請學歷（學位）認證。報名時，可以提
交學校畢業證明書和認證書，並作出相關承諾。

　　上述證書原件經現場審驗後即行退回，複印件交報名處留存。

(四) 本人近期同一底片 1 寸彩色免冠證件用照片 3 張。

(五) 報名費用。

　　以上報名材料經報名處審驗後真實、齊全的，受理報名。

三、考試地點

　　在香港特別行政區報名的人員，應在香港考區參加考試。

　　在澳門特別行政區報名的人員，應在澳門考區參加考試。

　　在內地報名的港澳居民，應在報名地司法行政機關設置的考場參加考試。

四、考試準備

　　香港和澳門考區不實行主、副證管理方式。報名處受理報名後，經復審符合報名條件的，發放 2008 年國家司法考試准考證。

　　在內地報名的，按照當地准考證管理方式發放准考證。

　　報名處發放准考證時，將向報名人員提供應試規則等相關材料。報名人員應提前認真閱讀、知悉。

　　《2008 年國家司法考試大綱》及考試輔導用書，可在書店購買或網上訂購。網上訂購可查詢出版社網站，網址：www.lawpress.com.cn。

五、學歷（學位）認證

　　報名人員如持港、澳、臺地區或者外國高等院校學歷（學位）證書的，須提前辦理好經教育部留學服務中心出具的學歷（學位）認證書。具體辦理方法，參見教育部留學服務中心網站提供的詳情。

六、報考諮詢

　　報名人員如有不清楚的問題，可撥打以下電話諮詢瞭解：

　　國家司法考試香港特別行政區報名處：（852）-36288711

　　國家司法考試澳門特別行政區報名處：（853）-89872333

　　司法部國家司法考試中心：（86）-10-63995583

　　也可登錄下列網站獲取資訊：

　　司法部網站（網址：http://www.legalinfo.gov.cn）

　　香港律政司網站（網址：http://www.doj.gov.hk）

　　澳門法務局網站（網址：www.dsaj.gov.mo）

　　香港考試及評核局國家司法考試網站

　　（網址：www.hkeaa.edu.hk/nje）

　　教育部留學服務中心網站

　　（中國留學網，網址：http://www.cscse.edu.cn）

二〇〇八年六月六日

臺灣居民參加國家司法考試若干規定

中華人民共和國司法部令第 110 號

　　《臺灣居民參加國家司法考試若干規定》已經 2008 年 5 月 28 日司法部部務會議審議通過，現予發佈，自發佈之日起施行。

部長　吳愛英
二〇〇八年六月四日

第　一　條　　為規範臺灣居民參加國家司法考試，根據《國家司法考試實施辦法（試行）》，制定本規定。

第　二　條　　具有臺灣地區居民身份的人員可以報名參加國家司法考試。

第　三　條　　臺灣居民參加國家司法考試的報名條件、報名時間、報名方式、考試科目、考試內容、考試時間、應試規則、合格標準以及合格後授予國家法律職業資格的辦法，適用《國家司法考試實施辦法（試行）》以及有關國家司法考試規章的統一規定。

　　　　　　　臺灣居民參加國家司法考試的報名地點、考試地點以及考試合格申請授予資格的方式，按照本規定以及司法部有關臺灣居民參加考試的年度安排執行。

第　四　條　　臺灣居民報名參加國家司法考試，在大陸工作、學習或者居住的，應當在其居所地司法行政機關指定的報名點報名；在香港、澳門工作、學習或者居住的，應當在香港、澳門向承辦考試組織工作的機構報名；在臺灣地區或者外國工作、學習或者居住的，應當到司法部在大陸指定的報名點報名。

第　五　條　　臺灣居民在考試報名時，應當向受理報名的機構提交以下證明其符合本規定第二條規定條件的有效身份證明：

　　　　　　　臺灣居民來往大陸通行證（簡稱臺胞證）和臺灣居民身份證；

　　　　　　　不能提交臺灣居民來往大陸通行證的，應當提交臺灣居民身份證和戶籍謄本或者戶口名簿。提交戶籍

謄本或者戶口名簿複印件的，須經臺灣地區公證機構公證。

　　受理報名的機構認為必要時，可以要求報名人同時提交其他有關證明。

第　六　條　臺灣居民在考試報名時，持大陸高等院校學歷（學位）證書的，可以向受理報名的機構直接辦理報名手續；持臺灣、香港、澳門地區高等院校或者外國高等院校學歷（學位）證書報名的，須同時提交經教育部有關機構出具的學歷（學位）認證證明。

第　七　條　臺灣居民參加國家司法考試，在大陸報名的，應當在報名地司法行政機關設置的考場參加考試；在香港、澳門報名的，應當在香港、澳門承辦考試組織工作的機構所確定的本地考場參加考試。

第　八　條　臺灣居民參加國家司法考試合格的，可以根據《法律職業資格證書管理辦法》的規定，申請授予法律職業資格。

　　在大陸報名參加考試合格的人員，向報名地司法行政機關遞交申請及有關材料，由其按照規定程式審查上報。

　　在香港、澳門報名參加考試合格的人員，向司法部委託的承辦資格申請受理事務的大陸駐港澳機構遞交申請及有關材料，由其按照規定程式上報司法部進行審查。

第　九　條　臺灣居民取得國家法律職業資格，在大陸申請律師執業的，依照司法部有關規定辦理。

第　十　條　　臺灣居民報名參加國家司法考試的具體安排，由
　　　　　　　　司法部在年度國家司法考試公告以及國家司法考試辦
　　　　　　　　公室相關檔中公佈。

第 十一 條　　本規定由司法部解釋。

第 十二 條　　本規定自發佈之日起施行。

臺灣居民參加 2008 年中國司法考試預報名網址：

　　http://tw.crm.cn/public/tw/index.html

報名流程：

　　閱讀報名須知→閱讀報名條件→閱讀報名材料→選擇證件類
別和輸入證件號碼→填寫報名表→在線報名成功

　　注意！報名成功後，系統會提示「祝您網上預報名成功！」
並且反饋「網報號」，一定要牢記此號，它是您進行信息查詢的
標識。

香港、澳門特別行政區居民申請學歷學位認證說明

（針對報考 2007 年大陸司法考試）

　　經國務院學位委員會及大陸教育部同意，大陸教育部留學
服務中心從 2000 年 1 月開始正式在全國範圍內開展國外學歷學
位認證工作。2003 年 11 月經大陸教育部港澳臺辦同意，大陸教
育部留學服務中心設立了「大陸教育部留學服務中心港澳臺地
區學歷學位認證辦公室」，專門從事港澳臺地區學歷學位認證
工作。

　　根據中華人民共和國司法部令第 80 號的相關規定，為配合
大陸司法考試，大陸教育部留學服務中心現受理報名參加大陸司

法考試的香港、澳門特別行政區居民（以下簡稱「港澳居民」）
的學歷學位認證申請。現對有關港澳居民申請學歷學位認證說明
如下：

一、受理對象

　　自願報名參加內地舉行的大陸司法考試的：

　（一）香港、澳門特別行政區永久性居民中的中國公民

　（二）持有香港、澳門居民來往內地通行證的香港、澳門居民

二、受理範圍及須遞交的材料

　（一）在香港、澳門特別行政區學習所獲得的學歷學位

　　　1、受理範圍

　　　　（1）在香港特別行政區經香港學術評審局核准的正規高等
　　　　　　教育機構學習，所獲得的該高等教育機構頒發的學位
　　　　　　證書（香港特別行政區正規高等教育機構包括香港大
　　　　　　學、香港中文大學、香港科技大學、香港城市大學、
　　　　　　香港浸會大學、香港理工大學、嶺南大學、香港教育
　　　　　　學院、香港樹仁大學、香港演藝學院、香港公開大
　　　　　　學、珠海書院）；

　　　　（2）在澳門特別行政區本地正規高等教育機構學習，所獲
　　　　　　得的該高等教育機構頒發的學位證書；

　　　　（3）《非本地高等及專業教育（規管）條例》於 1997 年 6
　　　　　　月生效前，參加非本地正規高等教育機構在香港開設
　　　　　　的學位課程學習所獲得的非本地學位證書；

　　　　（4）《非本地高等及專業教育（規管）條例》於 1997 年 6
　　　　　　月生效後，參加在香港舉辦的非本地註冊課程或豁免
　　　　　　註冊課程學習所獲得的非本地學位證書。

2、申請須遞交材料

(1) 填寫完整的《香港、澳門特別行政區學歷學位認證申請表》；

(2) 二吋或小二吋彩色證件照一張；

(3) 香港或澳門永久性居民身份證；

(4) 港澳居民來往內地通行證；

(5) 所獲學位證書；

(6) 學習成績單（研究學位獲得者，如無成績單，需提供學校開具的相關研究證明）；

(7) 碩士以上（含碩士）學位獲得者，應提供畢業論文目錄及摘要；

(8) 碩士以上（含碩士）學位獲得者，應提供入學前學歷學位證書；

(9) 所獲外文學位證書、成績單須經正規翻譯機構翻譯成中文，申請者本人翻譯無效。如學位證書或成績單為中外文對照，則不用翻譯。

(二) 在臺灣地區學習所獲得的學歷學位

1、受理範圍

在經臺灣教育主管部門核准的高等教育機構學習，所獲得的該高等教育機構頒發的學位證書。

2、申請須遞交的材料

(1) 填寫完整的《臺灣地區學歷學位認證申請表》；

(2) 二吋或小二吋彩色證件照一張；

(3) 香港或澳門永久性居民身份證；

(4) 港澳居民來往內地通行證；

(5) 本人在臺灣學習期間居留證明；

(6) 所獲學位證書；

(7) 學習成績單；

(8) 獲碩士以上（含碩士）學位者，應提供畢業論文目錄及摘要；

(9) 碩士以上（含碩士）學位獲得者，應提供入學前學歷學位證書。

(三) 在國外學習所獲得的學歷學位

1、受理範圍

　　　　在所在國認可的高等教育機構學習，所獲得的該高等教育機構頒發的學位證書。

2、申請須遞交的材料

(1) 填寫完整的《國外學歷學位認證申請表》；

(2) 二吋或小二吋彩色證件照一張；

(3) 香港或澳門永久性居民身份證；

(4) 港澳居民來往內地通行證；

(5) 本人在國外學習期間所持護照（須複印全部出入境記錄，空白頁不用複印）；

(6) 所獲國外學位證書或高等教育文憑；

(7) 學習成績單（研究學位獲得者，如無成績單，需提供學校開具的相關研究證明）；

(8) 碩士以上（含碩士）學位獲得者，應提供畢業論文目錄及摘要；

(9) 碩士以上（含碩士）學位獲得者，應提供入學前學歷學位證書；

(10) 所獲外文學位證書、成績單須經正規翻譯機構翻譯成中文，申請者本人翻譯無效。

(四) 內地合作辦學項目或機構頒發的學位

　　1、受理範圍

　　　　　經國務院教育行政部門批准的，可在內地授予國外學位與香港特別行政區學位的合作辦學項目或機構頒發的學位證書。

　　2、申請須遞交的材料

　　　(1) 填寫完整的《合作辦學學位認證申請表》；

　　　(2) 二吋或小二吋彩色證件照一張；

　　　(3) 香港或澳門永久性居民身份證；

　　　(4) 港澳居民來往內地通行證；

　　　(5) 所獲學位證書；

　　　(6) 學習成績單；

　　　(7) 碩士以上（含碩士）學位獲得者，應提供畢業論文目錄及摘要；

　　　(8) 碩士以上（含碩士）學位獲得者，應提供入學前學歷學位證書；

　　　(9) 所獲外文學位證書、成績單須經正規翻譯機構翻譯成中文，申請者本人翻譯無效。如學位證書或成績單為中外文對照，則不用翻譯。

(五) 港澳居民在中國內地高等教育機構學習所獲得的學歷學位證書，不在大陸教育部留學服務中心港澳臺地區學歷學位認證辦公室的認證範圍之內。

三、申請認證步驟

(一) 申請人領取或下載申請表。每份申請表只可用於一份學位證書認證申請。

(二) 請申請人依照申請辦法及填表說明的要求填寫《香港、澳門特別行政區學歷學位認證申請表》、《臺灣地區學歷學位認證申請表》、《國外學歷學位認證申請表》、《合作辦學學位認證申請表》（港澳居民適用），並準備材料。申請人可用藍色、黑色圓珠筆或簽字筆填寫，也可通過電腦錄入方式填表。如所填寫資訊不準確或提供材料不完整，可能會延誤申請的辦理。

(三) 在備齊申請材料後，申請人攜帶全部原件及影本一套向大陸教育部留學服務中心港澳臺地區學歷學位認證辦公室提交申請。

(四) 對於屬於認證受理範圍之內且材料齊備的申請，大陸教育部留學服務中心港澳臺地區學歷學位認證辦公室將予以受理，一般在累計 15 個工作日內辦結並通知申請人認證結果。

(五) 如有需要，大陸教育部留學服務中心港澳臺地區學歷學位認證辦公室會就認證事宜直接與申請人聯繫，要求提供進一步的資料。因此請申請人務必提供詳細有效的聯絡方式，以便及時聯繫，以免延誤辦理時間。

(六) 申請人可以書面委託他人代為申請。

四、受理認證地點、時間及相關說明

(一) 在北京的港澳居民可攜帶所有申請材料原件及影本一套到大陸教育部留學服務中心港澳臺地區學歷學位認證辦公室提交申請。對屬於認證範圍之內且材料齊備的申請，大陸教育部留學服務中心港澳臺地區學歷學位認證辦公室將當場予以受理並留存全套影本，開出受理憑證及繳費通知單。

受理地點：北京市海澱區學院路 15 號大陸教育部留學服務中心學歷學位認證受理辦公室（北京語言大學家屬區內學一樓 117 室）

受理時間：週一至週五 8:30-12:00、13:00-16:30（如遇國內法定節假日，不辦公）

(二) 申請人如不便到北京遞交申請，可到大陸教育部留學服務中心在各地設立的「國（境）外學歷學位認證申請材料驗證點」遞交申請材料。驗證點在申請材料上加章轉遞至大陸教育部留學服務中心港澳臺地區學歷學位認證辦公室。

(三) 申請資料郵寄時間不計入大陸教育部留學服務中心港澳臺地區學歷學位認證辦公室承諾的 15 個工作日之內。

通信地址：北京市海澱區學院路 15 號

大陸教育部留學服務中心港澳臺地區學歷學位認證辦公室

郵遞區號：100083

五、收費標準及方式

(一) 經國家發改委批准，每件學歷學位證書認證費為 360 元人民幣。

(二) 交費方式及相關說明：

1、申請人可以採用現金支付、銀行匯款兩種付款方式。為了匯款能夠及時到賬，請以人民幣支付。恕不接受個人支票。

2、現金支付：僅限於直接到大陸教育部留學服務中心港澳臺地區學歷學位認證辦公室提交認證申請的申請人。費用在受理之時收取，並提供發票。

3、銀行匯款：採用銀行匯款方式付款的申請人，請將認證費電匯到以下帳戶：

開戶銀行：中國民生銀行北京成府路支行

戶　　名：大陸教育部留學服務中心

賬　　號：0132014210001422（只可匯學歷學位認證費，共 360 元人民幣；匯款時須注明認證申請人中文姓名；如同時支付快遞費用，請在匯款單上注明快遞名稱及金額）

如需要匯外匯，請匯到以下銀行：

開戶銀行：上海浦東發展銀行北京分行亞運村支行

戶　　名：大陸教育部留學服務中心

賬　　號：8864291002000（只可匯學歷學位認證費，共 360 元人民幣；匯款時須注明認證申請人中文姓名；如同時支付快遞費用，請在匯款單上注明快遞名稱及金額）

注：如需退款，每筆退款，銀行收取相應手續費。

4、請務必在匯款單上注明認證申請人本人中文姓名，並在匯款單附言中注明學歷學位認證費 360 元人民幣，以避免匯款單內容填寫不準確而延誤申請人收到認證書的時間。

六、認證書的領取和郵寄

(一) 在北京直接向大陸教育部留學服務中心港澳臺地區學歷學位認證辦公室提交認證申請的申請人，可在接到電話通知後攜帶學歷學位證書認證費發票前來領取認證書。請您在領取認證書時，仔細核對認證書上的各項內容，如發現差錯，請及時向有關人員指出，以便糾正。如委託他人領

取，受委託人必須攜帶申請人出具的委託書、學歷學位證書認證費發票前來辦理相關事宜。

(二) 申請人如不便在北京領取學歷學位認證書，可以選擇郵寄方式送達學歷學位認證書。大陸教育部留學服務中心港澳臺地區學歷學位認證辦公室會在確認認證費已交納後，將認證書寄往申請人指定地址。

(三) 郵寄的時間及費用：

中國內地掛號郵寄 7-15 天；港澳臺及國外掛號郵寄 15-25 天。郵寄時間不計入大陸教育部留學服務中心港澳臺地區學歷學位認證辦公室承諾的 15 個工作日之內。選擇掛號郵寄方式，由大陸教育部留學服務中心港澳臺地區學歷學位認證辦公室負擔郵寄費用（關於郵寄時間及其他相關業務詳情請向當地郵政部門查詢）。

如申請人需要大陸教育部留學服務中心港澳臺地區學歷學位認證辦公室以快遞方式郵寄學歷學位認證書，請申請人在申請表格內注明「要求快遞」字樣，並在 EMS 及 DHL 兩家快遞公司中選擇服務。快遞費用由申請人本人支付，申請人需在交納認證費的同時另外支付特快專遞費：

EMS 中國內地：20 元人民幣

EMS 中國香港、澳門：95 元人民幣（其中包含 5 元人民幣報關費）

DHL 中國香港、澳門：99.45 元人民幣（其中包含 9.45 元人民幣燃油附加費）

上述快遞費用均指單件重量不超過 500 克的檔類快遞價格。臺灣地區及國際快遞資費標準詳請見 EMS 及 DHL 業

務資費表。特快專遞時間不計入大陸教育部留學服務中心港
澳臺地區學歷學位認證辦公室承諾的 15 個工作日之內。

七、聯絡方式

(一) 如有查詢，請通過電子郵件（E-mail）或傳真的方式與大
陸教育部留學服務中心港澳臺地區學歷學位認證辦公室聯
絡：

電子郵件：tjzhao@cscse.edu.cn

傳　　真：（8610）8230 1166

(二) 如對大陸教育部留學服務中心港澳臺地區學歷學位認證辦
公室的工作有任何意見，請通過電子郵件（E-mail）或傳
真的方式進行投訴：

電子郵件：wcheng@cscse.edu.cn

傳　　真：（8610）8230 1166

大陸教育部留學服務中心聯絡方式：

通信地址：北京市海澱區學院路 15 號

大陸教育部留學服務中心港澳臺地區學歷學位認證辦公室

郵遞區號：100083

註：港澳居民如已獲得大陸教育部留學服務中心開具的學
歷學位認證書，則無需再次申請學歷學位認證。

大陸教育部留學服務中心
港澳臺地區學歷學位認證辦公室
二〇〇七年六月十日

國（境）外學歷學位認證申請材料驗證點名錄

名稱	聯繫人	電話	傳真	地址
上海市回國留學人員服務中心	黃志平 陸敏君	021-68883080	021-58312408	上海市浦東新區商城路660號5樓 郵編：200120
天津市留學服務中心	王彥飛 丁力	022-23040172	022-23040980 022-27112360	天津和平區南京路 129號萬科世貿廣場 A 座F01－04 郵編：300051
大連市人才服務中心	王晟	0411-84352581	0411-84327764	大連市沙河口區迎春街45 號 郵編：116021
青島留學人員服務中心	任雲芝	0532-88916306		青島市海爾路 178 號 郵編：266101
中國留學服務中心廣州分中心	林培 鄭羽飛	020-83568037	020-83568060	廣州市小北路 266 號北秀大廈 703 室 郵編：510050
中國留學服務中心海南分中心	陳春燕	0898-31689938	0898-31689936	海南省海口市海南大學學術交流中心 1202 號 郵編：570228

大陸教育部留學服務中心網站（中國留學網，網址：http://www.cscse.edu.cn）

臺灣居民參加大陸司法考試有保障名額嗎？

　　2007 年的大陸司法考試總分為 600 分，及格分數線為 360分，參加考試的港澳居民與大陸居民都必須達到及格分數線才算通過了大陸司法考試，惟一有不同放寬報名學歷條件地區的合格分數線為 320 分，西藏自治區的合格分數線放寬為 290 分。相信臺灣居民參加大陸司法考試的錄取標準，與港澳居民應該是一樣的，並沒有特別的放寬或是保障名額的規定。

新聞：

丁露在今天舉行的國臺辦例行新聞發佈會上說，凡符合《大陸司法考試實施辦法（試行）》規定條件的臺灣居民，均可以報名參加大陸司法考試。臺灣居民與大陸居民一樣，按照大陸司法考試標準進行考試。通過考試成績合格，由國務院司法行政部門授予法律職業資格並頒發法律職業資格證書。

2007 年大陸司法考試的通過率

去年的大陸司法考試的通過率為 22.39%，是從 2002 年以來最高的一次，並有近 6 萬人通過了大陸司法考試。不過去年的高通過率並不是題目難度有所下降，而是司法部每一年都會有所謂的政策傾斜：

> 「為滿足經濟欠發達地區和基層地區對法律人才的需要，自 2002 年舉行首次大陸司法考試以來，司法部同最高人民法院、最高人民檢察院等部門不斷加大政策傾斜力度，對民族自治地方、經濟欠發達地區制定了相應的照顧、傾斜政策。」
>
> 司法部發言人

2007 年大陸司法考試全國合格分數線為 360 分，而放寬報名學歷條件地區的合格分數線為 320 分，什麼是放寬報名學歷條件

地區呢？司法部下發了《司法部關於確定大陸司法考試放寬報名學歷條件地方的意見》，部分地區大陸司法考試報名學歷條件放寬為高等院校法律專業專科學歷，這一政策由原來適用於西部地區 12 省（區、市）的國家和省級扶貧開發重點縣和享受民族自治地方政策的縣（旗），擴大到西部地區 12 省（區、市）所轄各縣（旗），達到 870 個縣（旗），比原來增加了 107 個縣。2007 年大陸司法考試放寬報名學歷條件的地方總計為 1115 個縣級行政區劃，比 2006 年增加了 180 個。西藏自治區的合格分數線放寬為 290 分。2002 年，全國共有 826 個縣級行政區劃和西藏全區被列入大陸司法考試放寬報名學歷條件地方。截至 2006 年底，全國已有 935 個縣（旗）和西藏自治區所轄市、地區、縣、縣級市、市轄區列為放寬報名學歷條件地區，這些地區的法律專業專科學歷人員均可報名參考。

這就是為何在 2007 年的大陸司法考試通過率雖然超過了 20%，卻不代表難度有所下降，實際上的大陸司法考試通過率如果在排除了報名學歷條件放寬地方的通過率的話，大約在 10%以下。而港澳考生在大陸司法考試中的合格分數線是以全國合格分數綫為標準的，相信臺灣考生也會以此為錄取標準。

「登陸考照」大陸開放：臺灣人報考大陸律師

【聯合晚報／特派記者汪莉絹／北京報導】

　　繼開放臺灣醫師到大陸執業後，大陸今天上午宣布，開放臺灣法律界人士報考今年的大陸司法考試，取得在大陸法律職業資格及證書，即取得大陸執業的律師資格。

　　一九九四年大陸曾開放臺灣民眾報考大陸律師資格，後來因相關配套措施無法配合和運作，只開放一年就關閉，臺灣法界人士就一直無法參加大陸的律師考試。今天上午，大陸重新開放臺灣民眾報考大陸律師資格，再度向臺灣專業人士族群釋放善意和招手。

　　大陸司法部大陸司法考試司司長丁露今天上午宣布，自二〇〇八年起，符合大陸「大陸司法考試實施辦法」的臺灣民眾都可以報名參加大陸司法考試。經考試成績合格後，由大陸國務院司法部門授予法律職業資格，並頒發法律職業資格證書。

　　報名的資格主要有：一、具有臺灣居民身分；二、有完全的民事行為能力；三、大學本科以上學歷；四、行為良好，沒有犯罪紀錄；五、沒有取得其他國家國籍。

　　臺灣民眾報名方式與大陸民眾的報名工作，將同步進行。考生首先應該在規定的時間內，在大陸司法部指定的網站上，先進行網上預報名。之後，也在規定的時間當中到指定的報名現場進行確認，然後領取准考證。

　　報名方式分不同居住點有不同做法：一、在大陸居住的臺灣民眾，應該到所住地區所指定司法行政機關的報名地點進行現場報名或確認，並按統一規定，按照規定科目進行考試。二、居住在香港或者澳門的臺灣民眾，應當到司法部專門委託

香港、澳門承辦考試的機構所組織的報名地點來進行確認,領取准考證。三、居住在臺灣、國外的臺灣民眾,大陸司法部將指定地區專門地點,進行身份確認,並按照統一安排、規定科目進行考試。

丁露表示,針對居住海外和臺灣的民眾,大陸司法部將選擇合適的口岸城市,專門設立報名點和考點,在這些地方組織報名和考試。具體的報名時間地點、考試的時間地點,我們將在今年大陸司法考試的公告當中予以及時公告。

關於收費問題,凡在大陸居住的臺灣居民,按照所在地區報名的收費標準交費;凡在香港或者澳門地區參加考試的這些居民,按照香港、澳門的收費標準進行交費;對於臺灣居民不再另行規定收費標準。

【2008/04/16 聯合晚報】@ http://www.udn.com/

司法部部長丁露在記者會上宣佈今年起開放臺灣居民報考大陸司法考試的消息,是自 2002 年第一屆的大陸司法考試以來,第一次對臺灣居民開放考試資格。

中國大陸的法律職業考試自 1986 年開始中華人民共和國第一屆全國統一律師資格考試,共舉行了 12 屆,當時,曾經對臺灣居民開放考試,也有法律界的前輩通過了律師資格考試,當然法院及檢察院也陸續開展了內部的資格考試,不過這三種不同的考試自 2000 年已經停考,並在 2002 年改制為三合一型的大陸司法考試,2002 年 3 月 30 日、31 日,首屆大陸司法考試在全國統一舉行,2002 年大陸司法考試的實際合格人數為 24800 多人,通過率約為 8%。

第 2 章　準備大陸司法考試

大陸司法考試的範圍

　　上一篇為大家介紹了有關大陸司法考試的一些基本要求，如2007 年的考試科目為：法理學、法制史、憲法、行政法與行政訴訟法、刑法、刑事訴訟法、民法、民事訴訟法、商法、經濟法、國際法、國際私法、國際經濟法、司法制度與法律職業道德，共14 個科目。另外，大陸司法考試每年會有官方版的輔導用書等，不過這些就是大陸司法考試的範圍了嗎？是否熟讀輔導用書及法律法規匯編就足夠了呢？

　　事實上，若從考試的角度來分析，完全的去熟讀輔導用書及法律法規匯編中的所有內容，實際上是不太有效率的作法，大陸司法考試中的重點才是考生應該盡力去熟讀的內容，所以建議考生在準備考試時，除了必須要買的四本官方出版的書以外，還應該去選擇適合自己的參考書，這些參考書就是各家不同的出版社所整理出來的歷年考試重點，不過由於各家的編排方式略有不同、也各有所長，建議大家要慎選適合自己的參考書，而且與臺灣的考試有一點不約而同的是，也要僅記「一本書主義」，多讀反而無益。

市面上有關大陸司法考試的用書類別有非常的多，有按輔導用書的編排選取比較重點的內容的，也有按考點來作類的，更細的還有按各個科目各作成一本包括重點、法條、考古題等等，法條方面也有濃縮版，如果不太介意買書成本的問題的考生，可以把官方法條與重點法條各買一本，畢竟到了考試的最後時刻，大概就只會有時間和心力在重點法條上了。

科目介紹及準備方向

根據《大陸司法考試實施辦法（試行）》的規定，大陸司法考試的內容包括：理論法學、應用法學、現行法律規定、法律實務和法律職業道德。2007 年大陸司法考試的科目為：法理學、法制史、憲法、行政法與行政訴訟法、刑法、刑事訴訟法、民法、民事訴訟法、商法、經濟法、國際法、國際私法、國際經濟法、司法制度與法律職業道德，共 14 個科目。除瞭解考試各科的重點外，還要特別注意 2008 年新增的重要考點。以下是各科目的要點提示。

各科目的簡介以及應如何掌握

一、法理學

法理學在 2007 年的大綱分成四章節：法的本體、法的運行、法的演進、法與社會。

▶提示：

大陸司法考試中的法理學，是則重於法哲學的部份，對於在大學沒有上過法理學的臺灣考生，可能會需要一點時間來準備法

理學，有臺灣考生表示這部份十分簡單，也許是法律的邏輯概念很好之故，但也有可能僅是「自我感覺良好」，畢竟看的懂與真正能應付考試的詭譎題目，可能尚有很大的距離。如果發現本章怎麼看都看不懂，或是看了以後做題自測驗實力發現怎麼做怎麼錯、而且看了答案還是不是不懂的考生，就可能需要考慮放棄本科目了（請看：司法是一門放棄的藝術），本科目的分值大約佔卷一的十分，如果念了也不是不會有太大助益的話，就放棄法理學吧，十分的確不算少，在重要的時刻可能會有關鍵的作用，但是要拿足法理學的十分並不容易，卻極可能消耗了寶貴的時間。

　　既然如此，如果自我測試後發現法理學難度很大的考生，是不代表完全的不理會法理學呢？還是需要花點時間看，只是不要把這十分看的太重——有些科目是投了時間會得到正相關的分數回報，但是法理學卻無法符合這道法則，惟一要花時間讀法理學的理由，不是為了卷一的分數，而是法理學的概念在第四卷會派上用場。不過如果自認法感很好的考生，依然值得一試，畢竟十分不少，不是嗎？

(一) 在「法的本體」章中，考試大綱所列的基本要求為：

　　　了解法、法的作用、法律規則、法律原則、法的淵源、法律部門和法律體系、法的效力、法律關係、法律責任和法律制裁等概念。

　　　理解法的本質、特徵、西方關於法的概念的學說（尤其是自然法學派和實證主義法學派有關法的基本立場）、法的侷限性，法的價值衝突及其解決、法律規則與法律原則適用的差別和條件，權利、義務的相互關係、法律部門的劃分標準和原則、法的效力的根據、法的溯及力的原則、法律

關係的「合法性」、過錯責任和無過錯責任、法律責任的競合、法律責任的歸責原則、法律責任的免責條件。

熟悉法的強制性與其他社會規範的強制性的不同，法的規範作用與社會作用的不同，法的價值判斷與事實判斷的不同，法律規則和法律原則的不同，法律義務、法律責任和法律制裁的不同，正式的法的淵源與非正式的法的淵源的不同及根據，正式的法的淵源和法律部門的不同，成文法與不成文法的不同，一般法與特別法的不同，法律權利、權利能力和行為能力的不同，作為法律關係內容的權利義務和作為法的要素的權利義務的不同，規範性法律檔與非規範性檔的不同，法律體系與法系的不同，法規彙編和法典編纂的不同。

運用法學的基本知識、概念，分析和評價相關的案例、事例或者法條。

※新增考點：

　　「法的概念與爭議」

　　「法律規則的涵義」

　　「當代中國法的非正式淵源」

▶提示：

本章「法的特徵」、「法的作用」、「法的價值」、「法律關係」的部份可在第四卷的分析中可作為分揮的素材。

本章中的概念注意掌握其意義及各概念間的比較，如「法律規則」、「法的淵源」、「法律關係」等，就經常是出題的考點。考生必須要反覆的掌握一個原則，尤其對有準備臺灣律師考試經驗的考生，要注意在讀書上的方法

與準備大陸司法考試間的不同，對於以選擇題型考試應確立自己的記憶方法。

(二) 在「法的運行」章中，考試大綱所列的基本要求為：

瞭解立法的定義，立法體制，立法原則，立法程序，法的實施和實現的含義與方式，法的實現的標準，執法的含義，司法的含義，守法的含義，違法的含義、種類，法律監督的含義，法律解釋的含義與特點，法律推理的含義和特點。

理解立法與法治的關係，當代中國的立法體制，《立法法》與當代中國立法的發展，合憲性與合法性原則，原則性與靈活性相結合原則，執法的基本原則，當代中國司法的基本原則，當代中國的司法體制，國家法律監督體系，《監督法》與當代中國法律監督制度的發展，法律解釋的方法，演繹法律推理、類比法律推理、辯證法律推理。

熟悉立法、執法、司法和守法以及法律監督的不同，法的實施和法的實現的不同，法律案與法律草案的不同，守法與違法的不同，國家法律監督與社會法律監督的不同。

運用法的運行過程中的一些制度、原則以及法學方法論的初步知識，分析與評價有關的案例、事例或者法條。

※**新增考點：**

「法律適用的目標」

「法律適用的步驟」

「內部証成與外部証成的區分」

「法律歸納推理」

「法律設證推理」

「法律解釋方法的位階」

▶提示：

本章的考點與憲法學有些重疊的地方，主要是要掌握《立法法》中的考點。

(三) 在「法的演進」章中，考試大綱所列的基本要求為：

了解法的起源的各種學說，法產生的過程與標誌，法產生的根源，法產生的一般規律，法的歷史類型的概念，法的發展的階段，法的發展的特點，法的繼承與法的移植，法的傳統的含義，法律意識的含義，法系的含義，兩大法系的含義，法的現代化的含義，法治的含義，法治國家的含義。

理解法的繼承的內容，法的傳統與法律文化的關係，法律意識與法的傳統、法律文化，當代中國法治現代化的歷史進程與特點，「依法治國，建設社會主義法治國家」的提出，社會主義法治理念，社會主義法治國家的基本條件，社會主義法治理念的內容。

熟悉法與原始社會規範的不同，法的繼承與法的移植的不同，法系和法的歷史類型的不同，大陸法系和英美法系的不同，法治與人治的不同，法治和法制的不同。

運用法的產生和發展的知識及理論，分析與評價有關的案例、事例或者法條。

▶提示：

本章是法理學中簡單的部份，通過背誦就可以得分的考點。

(四) 在「法與社會」章中，考試大綱所列的基本要求為：

了解法與社會的一般關係，法的社會基礎，法對社會的調整，法與經濟的一般關係，法與政治的一般關係，法與宗教的相互影響，人權的概念與層次。

理解法與和諧社會，法與科學技術，法與政策的聯繫，法與國家，法與道德的聯繫，法與人權的一般關係。

熟悉法與政策的不同，法與道德的不同。

運用法與社會的知識及理論，分析與評價有關的案例、事例或者法條。

▶提示：

本章的知識點在第四卷中有可能發揮，也屬於比較好掌握的部份。

二、法制史

法制史在 2007 年的大綱分成二章節：中國法制史、外國法制史。

▶提示：

準備法制史惟一的方法，就是當成歷史課本一樣，好好的背，平均的分值也是佔卷一的十分左右，與法理學、憲法學並駕齊驅，雖然讀完範圍不少的法制史會有種怎麼才一點點分數就要讀這麼久的感覺，但是相較法理學的艱澀難懂和憲法學的錯綜複雜，法制史就是要發揮高中的死背書功力而已，所以套一句大陸考生的話「這十分，俺一定得拿下。」

▶準備時間：

背誦型的科目建議放在最後階段，太早唸了也不會記得。

(一) 在「中國法制史」章中，考試大綱所列的基本要求為：

瞭解先秦法制主要內容、秦漢律的主要內容，這一時期的司法制度。

理解法制思想、出禮入刑，秋冬行刑，八議、五服制罪。

熟悉漢代親親得相首匿原則、春秋決獄，並能夠分析借鑒。

(二) 在「外國法制史」章中，考試大綱所列的基本要求為：

瞭解羅馬法的產生和《十二表法》的制定。

理解羅馬法的發展，羅馬法的淵源和分類。

熟悉羅馬私法的基本內容，羅馬法的歷史地位，並能夠分析借鑒。

三、憲法

憲法在 2007 年的大綱分成六章節：憲法基本理論、國家的基本制度（上）（下）、公民的基本權利與義務、國家機構、憲法的實施及其保障。

▶提示：

憲法在卷一中，與法理學、法制史的地位相當，所佔的分數各科大約佔十分左右。相較於法理學、法制史，憲法學更值得考生投入時間準備，因為憲法學中的所需要掌握的知識點，除了在本科在卷一的佔分算是相對的高以外，對於初次接觸大陸司法考試的臺灣的考生而言，有助於了解大陸的法律架構等問題，在日後準備行政法與行政訴訟法的時候，有些相關的知識點與憲法學是有連接的，不過幸好二個科目並不放在同一卷中，否則難度上可能會更大，值得注意的是，近年來，大陸司法考試從 2002 年

後的難度、題型的靈活度上其實都有所增加，在 2006 年及 2007 年的考古題中更不乏不同科目間結合出題的例子。

　　本章中的內容多屬概念性的考點，建議大家要有死背的決心，因為這一章第一次看的時候不會讓你感覺有任何難度，但是到實際做題目的時候，卻會有每個答案都差不多的感覺。

▶準備時間：

　　許多大陸的考生會把第一卷放在考試的最後階段才有念，不過對第一次參加考試的考生而言，憲法學其實不太合適這個策略，大陸考生之所以能在最後才掌握這第一卷的科目，主要是因為過去對某些科目已有所涉獵（大陸考生大學本科的時候必然上過憲法學吧！）所以會將卷一作為純背誦型的科目放在最後階段來讀，可是如果大家過去沒有讀過大陸的憲法的話，反而建議以準備憲法學作為切入大陸司法考試的準備科目。

(一) 在「憲法基本理論」章中，考試大綱所列的基本要求為：

　　　　瞭解憲法的詞源、特徵、本質和分類，英國、美國和法國憲法的產生、發展及特點，社會主義國家憲法的產生，舊中國憲法的歷史發展，新中國憲法的產生與發展，現行憲法的修正，憲法發展的趨勢，人民主權原則、基本人權原則、法治原則和權力制約原則的含義，憲法作用、憲法淵源的含義，憲法典、憲法性法律、憲法慣例、憲法判例的含義與特徵，憲法結構、憲法序言、憲法正文和附則、憲法規範、憲法關係的含義。

　　　　理解人民主權原則、基本人權原則、法治原則和權力制約原則的歷史發展及其在憲法上的表現，憲法的作用，憲法關係的主體、內容、客體，憲政的含義與特徵。

熟悉憲法的歷史發展、憲法的基本原則、憲法與憲政的基本原理，能夠結合《憲法》分析和評價有關憲法案例、事例或法條。

※新增考點：

「憲法與法律的關係」

「憲法在建設社會主義法治國家的基本制度」

「憲法規範的分類」

「憲法效力」

▶提示：

本章較簡單，通過掌握以上大陸司法考試大綱所列的內容，基本上就足夠應付相關的考題了。

(二) 在「國家的基本制度（上）」章中，考試大綱所列的基本要求為：

瞭解國體的含義，人民民主專政的含義與特徵，共產黨領導的多黨合作和愛國統一戰線、經濟制度、社會主義公有制、分配制度、社會主義公共財產、文化制度的含義。

理解人民民主專政的實質，中國大陸社會主義市場經濟的重要組成部分，中國大陸現階段的分配制度，文化制度與社會主義精神文明建設的關係，社會主義精神文明建設的內容。

熟悉人民民主專政制度、國家的基本經濟制度和國家的基本文化制度的基本原理，能夠結合《憲法》分析和評價有關的案例、事例或法條。

▶提示：

　　「人民民主專政制度」對臺灣考生而言可能是比較陌生的制度，人民民主專政是中國的國體，其主要特色是(一)共產黨領導下的多黨合同；(二)愛國統一戰線；(三)中國人民政治協商會議。學習這些知識對了解中國大陸也是有正面的幫助的，大家加油！

(三) 在「國家的基本制度（下）」章中，考試大綱所列的基本要求為：

　　瞭解政權組織形式的含義與分類，人民代表大會制度、選舉制度、國家結構形式的含義，單一制和聯邦制的含義與特徵，中國大陸單一制國家結構形式的特點和原因，民族區域自治、特別行政區制度的含義和特徵。

　　理解人民代表大會制度是中國大陸實現社會主義民主的基本形式及其完善，選舉權的原則，選舉的組織與程序，選舉的保障，中國大陸行政區劃的法律制度，民族自治地方的自治制度，設立特別行政區的基本指導方針，中央與特別行政區的關係，特別行政區的政治體制，特別行政區的法律制度。

　　熟悉政權組織形式、選舉制度、國家結構形式、民族區域自治制度、特別行政區制度，能夠結合《憲法》、《選舉法》、《香港特別行政區基本法》和《澳門特別行政區基本法》分析和評價有關的案例、事例或法條。

▶提示：

　　本章就會談到了「人民代表大會制度」，這個應該比較熟悉了吧，「人民代表大會制度」是中國大陸的政權組

織形式，注意掌握 1.國家的一切權力屬於人民是人民代表大會的邏輯起點；2.選民民主選舉代表是人民代表大會制度的前提；3.以人民代表大會制度為基礎建立全部國家機構是人民代表大會制度的核心；4.對人民負責、受人民監督是人民代表大會制度的基礎。像繞口令嗎？好好的背起來吧！

其他像「選舉制度」、「民族自治區制度」、「特別行政區制度」等皆是本章常考的考點，曾經有一年香港基本法中所討論的「附件三」的問題，在本章大家可以研究看看，考試是一條漫長的路，除了唸書以後，能結合這些知識去理解新聞的重要話題，也算是長知識了。

(四) 在「公民的基本權利義務」章中，考試大綱所列的基本要求為：

瞭解公民的含義，國籍的含義及其取得方式，公民基本權利和基本義務的含義和特徵，公民權的含義，人權的含義與特徵，2004 年修憲載入「國家尊重和保障人權」的重要意義，中國大陸現行憲法對公民基本權利和義務的新發展，平等權、政治權利和自由、宗教信仰自由、人身自由和社會經濟、文化教育方面權利的含義與主要內容，特定人的權利、基本義務的含義與主要內容。

理解選舉權與被選舉權、監督權和獲得賠償權、政治自由、宗教信仰自由、人身自由、人格尊嚴不受侵犯、住宅不受侵犯、通信自由和通信秘密受法律保護、財產權、勞動權、勞動者的休息權、獲得物質幫助權、受教育的權利、文化權利和自由的特點。

　　熟悉公民基本權利與義務的基本原理和中國大陸公民基本權利和義務的主要特點，能夠結合《憲法》等法律分析和評價有關的案例、事例或法條。

※**新增考點：**

　　「基本權利效力」

　　「基本權利的限制」

▶**提示：**

　　出題點較少。

(五) 在「國家機構」章中，考試大綱所列的基本要求為：

　　瞭解國家機構的含義、特徵和分類，憲法關於國家機構的劃分，不同國家機構的性質和地位。

　　理解中國大陸國家機構的組織，不同國家機構的組成、任期、職權、會議制度和工作程序，人民法院的組織體系、職權和基本制度，審判中的憲法原則，人民檢察院的組織體系、領導體制和職權，公檢法三機關的關係。

　　熟悉國家機構的活動原則，全國人民代表大會及其常務委員會、國家主席、國務院、中央軍事委員會、地方各級人民代表大會和地方各級人民政府、人民法院和人民檢察院的主要法律制度，能夠結合《憲法》和其他相關法律分析和評價有關的案例、事例或法條。

▶**提示：**

　　本章的重要點頗多，要注意憲法的各次修正案的比較，是過去出題頻率相當高的考點之一，《立法法》也是憲法學中重要的法條依據，建議可多花時間在研讀《立法法》，會

有不錯的收獲。坊間有許多考試用書對《立法法》中的考點有不同的歸納，不過似乎各家歸納出的表都不一樣（因為著重的比較不同），可以多收集各家的比較方式，在準備這種選擇題型的題目時，可以更好的突破自己讀書的盲點。

(六) 在「憲法的實施及其保障」章中，考試大綱所列的基本要求為：

瞭解憲法實施的含義與特徵，憲法的執行、憲法的適用、憲法的遵守的含義與特徵，制憲權、制憲主體、制憲機關的含義，憲法修改的含義與特徵，全面修改、部分修改和無形修改的含義與特徵，憲法解釋的含義與特徵。

理解憲法實施的外部條件和自身條件，制憲程序，憲法修改的程序，憲法實施保障的內容，憲法實施保障的基本方式，中國大陸的憲法實施保障機制。

熟悉憲法實施的原則、憲法解釋的原則和方法、憲法實施保障的體制，能夠運用《憲法》和其他相關法律的有關規定分析和評價有關的案例、事例或法條。

※新增考點：

「憲法修改的含義」

▶提示：

重點掌握「中國大陸的憲法實施保障機制」。

四、經濟法

經濟法在 2007 年的大綱分成八章節：競爭法、消費者法、銀行業法、證券法、財稅法、勞動法、土地法和房地產法、環境保護法。

▶提示：

本章是有名的雞肋，整部經濟法合計也不過十幾分，過去勞動法是本章中佔分值較高的一科，相信今年亦不例外，應該大家都有聽過今年的臺商圈中燒的沸沸揚揚的勞動合同法，新法一向是大陸司法考試出題的素材。其他的平均會有 2〜3 題左右，不過相對經濟法中的各部門法並不難準備，所以即使分數不多，還是值得投入時間的。

(一) 在「競爭法」章中，考試大綱所列的基本要求為：

瞭解反不正當競爭法、拍賣法和招標投標法的制度目標和行為規範，以及相關的程序規則和法律責任。

理解市場經濟中公平競爭對法律制度的要求以及政府職能在維護競爭秩序中的作用。

熟悉競爭秩序的規範機制和治理不正當競爭行為的法律措施並能夠運用。

※新增考點：

「反壟斷法」

▶提示：

掌握本章第一節中所列的各種不正當競爭行為的概念及法律效果：限制競爭行為、不正當競爭行為、商業賄賂行為、虛假宣傳行為、侵犯商業秘密行為、低價傾銷行為、不正當有獎銷售行為、詆毀商譽行為。拍賣法部份應注意中標通知書的法律效果。

(二) 在「消費者法」章中，考試大綱所列的基本要求為：

瞭解消費者權益保護法和產品品質法的制度目標，以及相關的權利保障機制、爭議解決機制和品質控制機制。

理解消費者在市場經濟中的重要地位以及政府和消費者組織在維護消費者權益中的作用。

熟悉消費者維權常用的法律規則並能夠運用。

▶提示：

經濟法中的各法考點較分散，消費者法如果不想全部念的話，至少掌握「爭議的解決」、「違反消費者權益保護法的法律責任」。

事實上，像經濟法科目，其實知識點很分散，而且每一科目的分值也不是太高，可是也不能放棄不讀，建議大家就把精力放在常出題的考點上，雖然有時些在經濟法中會有一些過去沒出現的題目出現，可是這些題目每年在經濟法中的也不過就 1～2 題，如果為了求這些偏題、冷題而用太多時間在經濟法上，實在是不太值得，所以對經濟法的準備方式，宜參考整理過後的參考書，重點的掌握常考的考點已足。

(三) 在「銀行業法」章中，考試大綱所列的基本要求為：

瞭解商業銀行法和銀行業監督管理法的制度目標和基本原則，以及商業銀行規範運行的基本制度和銀行業監督管理的體系構架。

理解銀行業法所面對的主要問題及政策依據，以及銀行業立法所採取的基本對策。

熟悉商業銀行業務相關的組織規則、交易規則和涉及金融穩定的監管措施，並能並能夠運用。

▶提示：

「銀行業」與「證券法」的內容其實並不算少，而且重點也不明顯，宜參考整理過後的參考書，重點的掌握常考的考點已足。

(四) 在「證券法」章中，考試大綱所列的基本要求為：

瞭解證券市場的各主要制度的目標、原則和基本規則，以及相關的市場規則措施。

理解證券發行與交易的市場流程和各種制度之間的相互關係，以及證券監管部門的職能和作用。

熟悉證券業務相關的交易規則和市場監管措施，並能夠運用。

▶提示：

「銀行業」與「證券法」的內容其實並不算少，而且重點也不明顯，宜參考整理過後的參考書，重點的掌握常考的考點已足。

(五) 在「財稅法」章中，考試大綱所列的基本要求為：

瞭解稅法的各主要立法及會計法、審計法的調整對象和基本規則，以及各稅種的概念和內容。

理解中國大陸稅法的公共政策依據，以及會計核算和審計工作的基本準則。

熟悉稅收徵管法律的主要制度和納稅人權利，並能夠運用。

▶提示：

財稅法可考性強，加上今年大陸的稅法也有修改，建議可多放時間在準備本章；注意常見稅法的比較、稅收徵收管理法等。其他如會計法、審計法宜參考整理過後的參考書，重點的掌握常考的考點已足。

(六) 在「勞動法」章中，考試大綱所列的基本要求為：

　　瞭解調整勞動合同關係和保障勞動者權益的各主要制度的目標、原則和基本規則，以及勞動糾紛的解決機制。

　　理解勞動法律關係的特殊性及相關制度的政策依據，以及政府和司法在勞動者保護中的作用。

　　熟悉勞動合同、勞動基準和勞動爭議解決的法律規則，並能夠運用。

※新增考點：

　　「勞務派遣」「非全日制用工」

▶提示：

　　今年勞動法章應該是經濟法中的最值得關注的一章了，過去勞動法在經濟法章中的佔分就較高，加上今年新施行的《勞動合同法》、《勞動爭議調解仲裁法》，讓勞動法章的考點顯的十分突出。臺灣的考生也正好有這個機會多了解有關勞動法令的規定。

(七) 在「土地法和房地產法」章中，考試大綱所列的基本要求為：

　　瞭解中國大陸土地權利的基本構架，城市房地產市場的構成，以及各相關的管理制度。

　　理解土地管理和城市房地產管理面臨的主要社會問題和立法的政策依據，以及政府在土地管理和房地產市場管理中的職能。

　　熟悉各種房地產權利、交易規則、登記與審批程序和糾紛解決途徑，並能夠運用。

※新增考點：

「建設規劃管理」

▶提示：

本章對於了解中國大陸有重要的意義，不過對於大陸司法考試而言，就值得考生自行斟酌了，土地法及房地產法的法理論及衍生的法律問題很多，要讀通、讀透並非易事，幸好大陸司法考試的出題型式大大的限縮了本章的可考性，如果單就考試面而言，參考整理過後的參考書，掌握常考的重點已足。

(八) 在「環境保護法」章中，考試大綱所列的基本要求為：

瞭解中國大陸環境保護的基本制度和環境法律責任，以及環境糾紛的處理程序。

理解環境保護法的政策精神，以及政府在環境保護中的職能作用。

熟悉環境控制和環境治理的法律手段，並能夠運用。

▶提示：

本章過去考的不多，不過也許會因為「綠色奧運」，而增加也不一定，但基本上本章的知識點較分散，沒時間就放棄本章吧。

五、國際法

國際法在 2007 年的大綱分成九章節：導論、國際法主體、國際法律責任、國際法上的空間劃分、國際法上的個人、外交關係法與領事關係法、條約法、國際爭端的和平解決、戰爭與武裝衝突法。

►提示：

國際法、國際經濟法與國際私法在卷一中稱「三國法」，這「三國法」與「三法」（法理學、法制史、憲法學）比起來要容易得分，「三國法」各科都有十幾分的分值，而國際法比起國際經濟法而言，需要準備的內容在數量上來的少，而且考點也集中，是容易得分的科目，考生要好好把握國際法。

(一) 在「導論」章中，考試大綱所列的基本要求為：

　　瞭解國際法的概念、特點和演進，以及國際法的淵源和編纂。

　　理解國際法與國內法的關係的理論，理解國際法在中國大陸法律制度中目前的地位。

　　熟悉國際法的各項基本原則。

(二) 在「國際法主體」章中，考試大綱所列的基本要求為：

　　瞭解國際法主體的概念和範圍、國際法上與國家相關的規則和制度，以及國際組織的一般制度。

　　理解國際法中關於國家承認、繼承的規則和作用。

　　熟悉國際法中國家的基本權利和主權豁免的規則。

(三) 在「國際法律責任」章中，考試大綱所列的基本要求為：

　　瞭解國際法律責任概念、要件和國際責任制度的新發展。

　　理解國際責任的歸責原則和對不當性排除的情況。

　　熟悉國際責任的構成要件和主要形式。

(四) 在「國際法上的空間劃分」章中，考試大綱所列的基本要求為：

　　瞭解國際法上空間劃分的國際法的概念、基本的劃分依據和範圍。

理解不同區域各自法律制度、特點和其中的聯繫，理解國際法中環境保護的基本原則和制度。

熟悉各個領土、海洋、航空和外空的主要國際法規則和制度。

▶提示：

本章有修過海洋法的考生應該很熟悉，總算可以節省一點力氣了。

(五) 在「國際法上的個人」章中，考試大綱所列的基本要求為：

瞭解國籍的概念、國際法上關於個人地位的基本內容以及國際人權保護機制。

理解國籍變更的主要方式、關於外國人待遇的主要模式和特點。

熟悉外交保護、引渡以及庇護制度的主要規則。

(六) 在「外交關係法與領事關係法」章中，考試大綱所列的基本要求為：

瞭解外交關係和領事關係的性質、外交代表機關的構成、職務和法律地位。

理解外交特權豁免的依據，以及外交特權豁免與領事特權豁免的區別和聯繫。

熟悉外交特權豁免和領事特權豁免的規則。

▶提示：

本章是國際法中的重點，幾乎每年都會出題，應重點掌握。

(七) 在「條約法」章中，考試大綱所列的基本要求為：

瞭解條約的概念、條約的性質，以及國際法中關於條約成立、締結、效力的有關規則。

理解條約成立的實質要件、條約生效和效力範圍，以及條約在中國大陸法律體系中的地位。

熟悉條約締結、適用和解釋的相關規則。

(八) 在「國際爭端的和平解決」章中，考試大綱所列的基本要求為：

瞭解國際爭端的特點、傳統國際法中解決爭端的方式，以及和平解決國際爭端原則的內容。

理解國際法中和平解決爭端各項方法的性質和特點。

熟悉國際法院的管轄權的特點和規則、司法程序，以及仲裁作為解決國際爭端的特點和規則。

▶提示：

本章是國際法的重點，有關「聯合國國際法院」、「聯合國大會」、「爭端解決機構」等都是重要的解決爭端的機構。沒有修過國際法的臺灣考生或許會感到比較陌生，不過這些對於大陸的法律學生似乎就像是常識一般，所以正好趁其機會了解國際法的知識。

(九) 在「戰爭與武裝衝突法」章中，考試大綱所列的基本要求為：

瞭解戰爭的概念、戰爭法規的演變發展、戰爭與武裝衝突法體系，以及對戰爭犯罪懲處的國際實踐。

理解戰爭法律狀態的開始和結束後相關國家法律關係的改變、戰時中立制度，以及限制作戰手段和對戰爭受難者保護的基本原則。

熟悉國際法對作戰手段的限制規則、對戰時平民及戰爭受難者的保護的有關規則。

六、國際私法

國際私法在 2007 年的大綱分成七章節：國際私法概述、國際私法的主體、法律衝突、衝突規範和准據法、適用衝突規範的制度、國際民商事關係的法律適用、國際民商事爭議的解決、區際法律問題。

▶提示：

國際私法是大部分大學法律系的必修科目，需要掌握的內容基本上差不多，如果大學有好好唸的話，應該就不會有太大問題了。

準備時間：

「三國法」是第一卷中比較好拿分，臺灣考生也比較熟悉的科目，建議可安排在最後階段準備，其中需要背誦的部份，也正好在適合在最後階段做準備。

(一) 在「國際私法概述」章中，考試大綱所列的基本要求為：

瞭解國際私法的名稱、定義和調整對象。

理解國際私法與國際私法學之間的關係、國際私法的國內法淵源和國際法淵源。

熟悉國際私法規範、國際私法調整國際民商事法律關係的方法並能夠運用。

(二) 在「國際私法的主體」章中，考試大綱所列的基本要求為：

瞭解自然人、法人、國家、國際組織的國際私法主體資格，外國人的民商事法律地位。

理解自然人的國籍、住所、居所以及法人的國籍、住所、營業所在國際私法上的意義，國家及其財產豁免問題的產生與發展，國際組織在國際民商事交往中的特權與豁免。

熟悉自然人國籍的積極衝突和消極衝突及其解決，自然人住所的積極衝突和消極衝突及其解決，外國法人的認可規則，國家及其財產豁免制度以及關於外國人的民商事法律地位的制度並能夠運用。

(三) 在「法律衝突、衝突規範和准據法」章中，考試大綱所列的基本要求為：

瞭解法律衝突的概念和類型，衝突規範的概念、結構和類型，准據法的概念。

理解國際民商事法律衝突的產生和特點，衝突規範的特性，准據法的特點。

熟悉國際民商事法律衝突的解決方法，准據法的選擇方法以及准據法的確定並能夠運用。

(四) 在「適用衝突規範的制度」章中，考試大綱所列的基本要求為：

瞭解適用衝突規範的各種傳統制度（識別、反致、外國法的查明、公共秩序保留和法律規避）的概念、內容以及中國大陸的相關法律規定。

理解適用衝突規範的各種傳統制度的作用和它們導致的結果。

熟悉適用衝突規範的各種傳統制度並能夠運用。

(五) 在「國際民商事關係的法律適用」章中，考試大綱所列的基本要求為：

瞭解各種常見的民商事法律關係類型中的法律衝突以及中國大陸法律中的相關規定。

理解各種類型的涉外民商事法律關係中的衝突法規則。

熟悉中國大陸現行法律中的各種衝突法規則並能夠運用。

※**新增考點**

中國關於「物權法律適用的規定」

(六) 在「國際民商事爭議的解決」章中，考試大綱所列的基本要求為：

瞭解協商、調解、仲裁與訴訟等國際民商事爭議的解決方法和中國大陸的相關法律規定。

理解國際民商事爭議的各種解決方法的運作方式。

熟悉國際民商事爭議的各種解決方法並能夠運用。

※**新增考點**

「仲裁程序中的財產保全與證據保全」

(七) 在「區際法律問題」章中，考試大綱所列的基本要求為：

瞭解區際法律衝突、區際司法協助的概念和中國大陸的相關規定。

理解中國大陸產生區際法律衝突和作出區際司法協助安排的原因。

熟悉中國大陸區際司法協助安排的內容與相關規則並能夠運用。

七、國際經濟法

國際經濟法在 2007 年的大綱分成七章節：導 論、國際貨物
買賣、國際貨物運輸與保險、國際貿易支付、對外貿易管理制
度、世界貿易組織、國際經濟法領域的其他法律制度。

▶提示：

臺灣的考生也許對國際經濟法有點陌生，不過國際經濟法的
內容並不難，考點也集中，臺灣的考生對「三國法」應該是可以
拿下全部的分數，如此一來，就能補法理學、憲法所失的分了。

▶準備時間：

本章屬於需要背誦的科目，建議可在最後階段準備。

(一) 在「導論」章中，考試大綱所列的基本要求為：

　　瞭解國際經濟法的概念、國際經濟法的主體。

　　理解國際經濟法的調整範圍。

(二) 在「國際貨物買賣」章中，考試大綱所列的基本要求為：

　　瞭解國際商業慣例、1980 年聯合國國際銷售合同公約。

　　理解 2000 年國際貿易術語解釋通則四組貿易術語的
基本內容、國際貨物買賣合同的訂立。

　　熟悉 CIF、FOB、CFR 貿易術語的基本內容、國際貨
物買賣合同中雙方當事人的權利與義務及違約救濟，並能
夠運用。

▶提示：

　　1980 年聯合國國際銷售合同公約及貿易術語的基本內
容是本章的重點、也是國際經濟法中比較突出的考點，幾
乎每年都會在這部份出題。

(三) 在「國際貨物買賣」章中，考試大綱所列的基本要求為：

瞭解海牙規則、維斯堡規則、漢堡規則的規定。

理解提單及其他運輸單證、國際海上貨物運輸各方的關係、海上運輸貨物保險主要險別與附加險別、委付與代位求償。

熟悉提單在跟單信用證機制中的作用、海運承運人的責任與免責，並能夠運用。

▶提示：

瞭解海牙規則、維斯堡規則、漢堡規則的規定，注意三個規定之間的不同之處。

(四) 在「國際貿易支付」章中，考試大綱所列的基本要求為：

瞭解支付工具、匯付、託收、信用證、國際保理的特點。

理解託收各方的關係、託收支付中銀行的責任與免責。

熟悉信用證支付的相關原理並能夠運用。

▶提示：

國際保理是本章中比較新的知識點，通常在大陸司法考試中，當年度的新考點會被考到的機會相對的高，被稱為是「熱門考點」，第二年也有可能會再考，不過相對的難度也會提高，供大家參考。

(五) 在「對外貿易管理制度」章中，考試大綱所列的基本要求為：

瞭解進出境貨物的關稅制度、外匯管理制度、進出境檢驗檢疫制度。

理解中國大陸對外貿易管理法的相關內容。

熟悉反傾銷、反補貼、保障措施的相關規定並能夠運用。

▶提示：

掌握反傾銷、反補貼、保障措施的相關規定。

(六) 在「世界貿易組織」章中，考試大綱所列的基本要求為：

瞭解世界貿易組織的法律框架、機構設置、決策程序等一般知識。

理解世貿與關貿的區別與聯繫、服務貿易總協定。

熟悉關稅與貿易總協定的基本內容、世界貿易組織的爭端解決機制。

▶提示：

結合國際法中其他有關國際組織的規定，有時候雖然不是同一部法的內容，但是也要注意有相關的概念之間的比較，選擇題題型的準備重點乃是在概念是不是較清晰，所以題目中會出現似是而非的選項來迷惑考生。

(七) 在「國際經濟法領域的其他法律制度」章中，考試大綱所列的基本要求為：

瞭解保護知識產權的主要國際公約的基本內容，國際投資法、國際融資法和國際稅法的概念及其法律淵源的構成，國際技術轉讓、國際直接投資和國際資金融通的法律制度，國家稅收管轄權的概念及其表現形式、國際雙重徵稅問題及其解決方式。

理解有關國際公約和雙邊條約與協定在保護知識產權、鼓勵和保護國際投資、促進國際資金融通、避免國際雙重徵稅和防止國際逃稅與避稅等方面確立的有關基本原則和主要規則的含義與作用。

熟悉中國大陸締結和參加的有關保護知識產權國際公約、多邊投資條約、國際貸款協議及條款、避免雙重徵稅協定的適用範圍及其與中國大陸相關國內立法關係的原理，並能夠綜合運用。

※新增考點：

「中國大陸對外簽訂的國際稅收協定」

▶提示：

注意掌握「知識產權的國際保護」中有關保護知識產權國際公約之間的比較，另外有關國際雙重徵稅部份，臺灣考生也可能會比較陌生，宜多注意。

八、司法制度和法律職業道德

司法制度和法律職業道德在 2007 年的大綱分成九章節：司法制度和法律職業道德概述、審判制度、檢察制度、律師制度、公證制度、法官職業道德和職業責任、檢察官職業道德和職業責任、律師職業道德和職業責任、公證員職業道德和職業責任。

▶提示：

司法制度和法律職業道德佔第一卷的分數約有十幾分，不過本法的內容相當的乏味，幸好內容不多且相當簡單，屬於投資報酬率高的科目。

▶準備時間：

建議在吃午餐或晚餐等時間準備。

(一) 在「司法制度和法律職業道德概述」章中，考試大綱所列的基本要求為：

瞭解司法的概念、特徵和功能，司法制度的概念和範圍，以及法律職業道德的概念和特徵。

理解司法制度的基本範疇和社會主義法治理念的主要內容。

熟悉司法的原則和法律職業道德的基本原則並能夠運用。

※新增考點：

「法律職業的概念」、「法律職業的特徵」

(二) 在「審判制度」章中，考試大綱所列的基本要求為：

瞭解審判制度的概念和特徵，以及人民法院的性質、任務、設置和職權。

理解審判組織的組成與職責，以及法官法關於法官制度的主要規定。

熟悉審判制度的基本原則和審判工作的主要制度並能夠運用。

(三) 在「檢察制度」章中，考試大綱所列的基本要求為：

瞭解檢察制度的概念和特徵，以及人民檢察院的性質、任務、設置和職權。

理解人民檢察院的領導體制，以及檢察官法關於檢察官制度的主要規定。

熟悉檢察制度的基本原則和檢察工作的主要制度並能夠運用。

(四) 在「律師制度」章中，考試大綱所列的基本要求為：

瞭解律師制度的概念、特徵，中國大陸律師管理體制，律師事務所的性質和分類，律師的概念，以及法律援助制度的概念和特徵。

　　　　理解律師執業的條件、程序、限制性規定和基本原則，律師事務所的設立和管理制度，律師收費制度，以及律師業務範圍。

　　　　熟悉執業律師的權利義務和法律援助制度的主要內容並能夠運用。

(五) 在「公證制度」章中，考試大綱所列的基本要求為：

　　　　瞭解公證制度的概念、特徵，中國大陸公證管理體制，公證機構的概念及性質，以及公證員的概念。

　　　　理解公證業務範圍，公證機構設立的原則、條件和程序，法定公證制度，公證機構的管理制度，公證員的條件與任免，以及公證執業責任保險。

　　　　熟悉公證員的權利義務、公證的程序、公證的效力並能夠運用。

(六) 在「法官職業道德和職業責任」章中，考試大綱所列的基本要求為：

　　　　瞭解法官職業道德的概念、特徵和依據，以及法官職業責任的概念和種類。

　　　　理解法官職業道德的主要內容。

　　　　熟悉法官紀律責任和刑事責任的規定並能夠運用。

(七) 在「檢察官職業道德和職業責任」章中，考試大綱所列的基本要求為：

　　　　瞭解檢察官職業道德的概念、特徵和依據，以及檢察官職業責任的概念和種類。

　　　　理解檢察官職業道德的主要內容。

　　　　熟悉檢察官紀律責任和刑事責任的規定並能夠運用。

(八) 在「律師職業道德和職業責任」章中，考試大綱所列的基本要求為：

瞭解律師職業道德的概念、特徵和依據，以及律師職業責任的概念和種類。

理解律師職業道德的主要內容。

熟悉律師執業行為的基本規範、律師職業責任的規定並能夠運用。

(九) 在「公證員職業道德和職業責任」章中，考試大綱所列的基本要求為：

瞭解公證員職業道德的概念和依據，以及公證職業責任的概念和種類。

理解公證員職業道德的主要內容。

熟悉公證職業責任的規定並能夠運用。

九、刑法

刑法在 2007 年的大綱分成九章節：刑法概說、犯罪概說、犯罪構成、排除犯罪的事由、犯罪的未完成形態、共同犯罪、單位犯罪、罪數、刑罰概說、刑罰的體系、刑罰的裁量、刑罰的執行、刑罰的消滅、罪刑各論概說、危害國家安全罪、危害公共安全罪、破壞社會主義市場經濟秩序罪、侵犯公民人身權利、民主權利罪、侵犯財產罪、妨害社會管理秩序罪、危害國防利益罪、貪汙賄賂罪、瀆職罪、軍人違反職責罪。

▶提示：

刑法的架構主要分為刑法總則及分則，自第十四章「罪刑各論概說」起為分則，在卷二的選擇題部份就達 60 分左右。基本

上總論的部份與臺灣的刑法相近，但仍需小心區別相異之處，基本上不會太難，不過總則的每一個章節都是大陸司法考試的重點，而且法條數量比例上雖然只有分則的三分之一，卻佔了刑法近一半的分值；分則部份則需多花時間熟悉各罪之構成要件、刑法修正案及相關的司法解釋，請多花時間研讀。分則的題目所涉及的知識點非常的細緻，考生概念必須清晰。

▶準備時間：

刑法的內容較多，宜及早準備，建議放在準備計劃的第一階段，準備刑法的時間可能會花上近一個月。

(一) 在「刑法概說」章中，考試大綱所列的基本要求為：

瞭解刑法的概念、任務、目的以及刑法的體系與結構。

理解刑法的性質及其與其他法律的關係，理解並懂得如何貫徹落實刑法的基本原則。

熟悉並善於運用解釋刑法的各種方法，熟悉刑法的適用範圍。

▶提示：

掌握基本概念，如「刑法的適用範圍」一節就是大陸司法考試歷年的考試重點，基本概念在刑法的試題中十分常見，佔分也不低，僅短短的一章，就可能有 2～3 題。

(二) 在「犯罪概說」章中，考試大綱所列的基本要求為：

瞭解犯罪的理論分類。

理解中國大陸刑法關於犯罪概念的規定以及犯罪的本質特徵與法律特徵之間的關係。

熟悉犯罪的法定分類，運用犯罪的基本特徵分析案件。

(三) 在「犯罪構成」章中，考試大綱所列的基本要求為：

瞭解犯罪構成與犯罪概念的關係、犯罪構成的分類。

理解犯罪構成的概念、特點與意義，明確犯罪構成的共同要件，掌握具體犯罪構成要件的確定方法。

熟悉構成要件要素的分類，深刻領會犯罪客體、犯罪客觀要件、犯罪主體、犯罪主觀要件的具體內容，熟練運用犯罪構成理論分析疑難案件。

※**新增考點：**

「適法性認識的可能性」、「期待可能性」

▶**提示：**

掌握「犯罪主觀要件」中不同的主觀形態、「刑法上的認識錯誤」等，與臺灣的基本概念差不多，對臺灣的考生應該問題不大。

(四) 在「排除犯罪的事由」章中，考試大綱所列的基本要求為：

瞭解排除犯罪的事由的概念、特徵與種類。

理解正當防衛、緊急避險以及其他排除犯罪的事由的本質與成立條件。

熟練運用正當防衛與緊急避險的成立條件分析具體案件。

※**新增考點：**

「被害人承諾」、「自救行為」

▶**提示：**

如大綱。本章也有出題的考點，不可輕忽。

(五) 在「犯罪的未完成形態」章中，考試大綱所列的基本要求為：

瞭解犯罪的未完成形態的概念及其與完成形態的關係。

理解犯罪預備、犯罪未遂與犯罪中止的成立條件，明確各種犯罪形態的刑事責任。

熟練運用未完成形態的成立條件判斷疑難案件的犯罪形態。

▶提示：

掌握犯罪預備、犯罪未遂與犯罪中止的成立條件，是大陸司法考試歷年的考試重點。

(六) 在「共同犯罪」章中，考試大綱所列的基本要求為：

瞭解刑法規定共同犯罪的意義。

理解共同犯罪的概念及其與犯罪構成的關係，掌握共同犯罪的成立條件，正確區分共同犯罪的不同形態，把握共同犯罪的特殊問題。

熟悉共犯人的分類及其刑事責任，熟練運用共同犯罪的法律規定與刑法理分析疑難案件。

▶提示：

共同犯罪一向是刑法的重要問題，佔分值達十分左右。另注意共同犯罪的特殊問題。

(七) 在「單位犯罪」章中，考試大綱所列的基本要求為：

瞭解單位犯罪的概念、性質與類型。

理解單位犯罪的成立條件。

熟悉單位犯罪的處罰原則。

(八) 在「罪數」章中，考試大綱所列的基本要求為：

瞭解區分罪數的意義。

理解罪數的區分標準與區分方法。

熟悉實質的一罪、法定的一罪、處斷的一罪的特徵與處理原則，熟練運用罪數理論區分具體案件的罪數。

▶提示：

臺灣的考生宜小心本章，尤其注意與臺灣概念上不同之處，不要在考試中將兩地的概念作混淆。

(九) 在「刑罰概說」章中，考試大綱所列的基本要求為：

瞭解刑罰與其他法律制裁的關係。

理解刑罰的概念與特點。

熟悉刑罰目的的具體內容，把握特殊預防與一般預防的關係。

(十) 在「刑罰的體系」章中，考試大綱所列的基本要求為：

瞭解刑罰體系的概念與特點。

理解各種刑罰方法（刑種）的基本內容。

熟悉死刑、剝奪政治權利的適用條件以及罰金刑的適用方法。

▶提示：

掌握各主刑之間的比較。

(十一) 在「刑罰的裁量」章中，考試大綱所列的基本要求為：

瞭解量刑的意義，從重、從輕、減輕與免除處罰的基本含義以及量刑的酌定情節。

理解量刑的概念、原則以及緩刑制度的具體內容。

熟悉量刑的法定情節，熟悉並運用累犯、自首與立功的成立條件分析案件，能夠根據刑法規定熟練地進行數罪並罰。

▶提示：

累犯、自首與立功是本章的常考點。

(十二) 在「刑罰的執行」章中，考試大綱所列的基本要求為：

瞭解刑罰執行的概念、原則以及減刑、假釋的意義。

理解減刑和假釋的概念與條件。

熟悉減刑的限度與幅度、減刑的程序與減刑後的刑期計算方法，假釋的考驗期限與假釋的撤銷條件。

▶提示：

注意「減刑」、「假釋」之比較。

(十三) 在「刑罰的消滅」章中，考試大綱所列的基本要求為：

瞭解刑罰消滅的概念、赦免的概念與中國大陸特赦制度的特點。

理解時效的概念。

熟悉追訴時效的期限與計算方法。

▶提示：

注意「追訴時效的期限與計算方法」，除了是考試的常考點外，也是許多考生容易出錯的考點。

(十四) 在「罪刑各論概說」章中，考試大綱所列的基本要求為：

瞭解刑法分則體系的概念與特點。

理解罪狀、罪名、法定刑的概念與分類。

熟悉法條競合的處理原則，熟練運用法條競合處理原則分析法條關係與具體案件。

※新增考點

「法條競合的表現形式」

▶提示：

法條競合是準備刑法的重要考點。

(十五) 在「危害國家安全罪」章中，考試大綱所列的基本要求為：

理解危害國家安全罪中的普通具體犯罪的概念、特徵（構成要件）以及應當區分的界限與應當注意的問題。

熟悉危害國家安全罪中的重點具體犯罪（常見罪、嚴重罪、疑難罪）的概念、特徵（構成要件），並熟練運用重點具體犯罪的構成要件分析疑難案件。

▶提示：

本章的重要性較低，注意本章各法條間的構成要件的區分。

(十六) 在「危害公共安全罪」章中，考試大綱所列的基本要求為：

瞭解危害公共安全罪的概況。

理解危害公共安全罪中的普通具體犯罪的概念、特徵（構成要件）以及應當區分的界限與應當注意的問題。

熟悉危害公共安全罪中的重點具體犯罪（常見罪、嚴重罪、疑難罪）的概念、特徵（構成要件），並熟練運用重點具體犯罪的構成要件分析疑難案件。

▶提示：

　　本章可考性強，注意區分各罪間之構成要件，另外有關各罪的加重情節也是常考點。

(十七) 在「破壞社會主義市場經濟秩序罪」章中，考試大綱所列的基本要求為：

　　瞭解破壞社會主義市場經濟秩序罪的概況。

　　理解破壞社會主義市場經濟秩序罪中的普通具體犯罪的概念、特徵（構成要件）以及應當區分的界限與應當注意的問題。

　　熟悉破壞社會主義市場經濟秩序罪中的重點具體犯罪（常見罪、嚴重罪、疑難罪）的概念、特徵（構成要件），並熟練運用重點具體犯罪的構成要件分析疑難案件。

▶提示：

　　本章的法條較多，注意相近各罪之間的區分是考試的重點，注意有關轉化、加重情節等規定。

(十八) 在「侵犯公民人身權利、民主權利罪」章中，考試大綱所列的基本要求為：

　　瞭解侵犯公民人身權利、民主權利罪的概況。

　　理解侵犯公民人身權利、民主權利罪中的普通具體犯罪的概念、特徵（構成要件）以及應當區分的界限與應當注意的問題。

　　熟悉侵犯公民人身權利、民主權利罪中的重點具體犯罪（常見罪、嚴重罪、疑難罪）的概念、特徵（構成要件），並熟練運用重點具體犯罪的構成要件分析疑難案件。

(十九) 在「侵犯財產罪」章中，考試大綱所列的基本要求為：

瞭解侵犯財產罪的分類。

理解侵犯財產罪的概念與特徵（構成要件），理解侵犯財產罪中的普通具體犯罪的概念、特徵（構成要件）以及應當區分的界限與應當注意的問題。

熟悉侵犯財產罪中的重點具體犯罪（常見罪、嚴重罪、疑難罪）的概念、特徵（構成要件），並熟練運用重點具體犯罪的構成要件分析疑難案件。

(二十) 在「妨害社會管理秩序罪」章中，考試大綱所列的基本要求為：

瞭解妨害社會管理秩序罪的概況。

理解妨害社會管理秩序罪中的普通具體犯罪的概念、特徵（構成要件）以及應當區分的界限與應當注意的問題。

熟悉妨害社會管理秩序罪中的重點具體犯罪（常見罪、嚴重罪、疑難罪）的概念、特徵（構成要件），並熟練運用重點具體犯罪的構成要件分析疑難案件。

(二一) 在「危害國防利益罪」章中，考試大綱所列的基本要求為：

瞭解危害國防利益罪的概況。

理解危害國防利益罪中的普通具體犯罪的概念、特徵（構成要件）以及應當區分的界限與應當注意的問題。

熟悉危害國防利益罪中的重點具體犯罪（常見罪、多發罪、嚴重罪、疑難罪）的概念、特徵（構成要件），並熟練運用重點具體犯罪的構成要件分析疑難案件。

(二二) 在「貪污賄賂罪」章中，考試大綱所列的基本要求為：

瞭解貪污賄賂罪的概況。

理解貪污賄賂罪中的普通具體犯罪的概念、特徵（構成要件）以及應當區分的界限與應當注意的問題。

熟悉貪污賄賂罪中的重點具體犯罪（常見罪、嚴重罪、疑難罪）的概念、特徵（構成要件），並熟練運用重點具體犯罪的構成要件分析疑難案件。

(二三) 在「瀆職罪」章中，考試大綱所列的基本要求為：

瞭解瀆職罪的概況。

理解瀆職罪中的普通具體犯罪的概念、特徵（構成要件）以及應當區分的界限與應當注意的問題。

熟悉瀆職罪中的重點具體犯罪（常見罪、嚴重罪、疑難罪）的概念、特徵（構成要件），並熟練運用重點具體犯罪的構成要件分析疑難案件。

(二四) 在「軍人違反職責罪」章中，考試大綱所列的基本要求為：

瞭解軍人違反職責罪的概況。

理解本章法條與刑法分則其他法條的關係，理解軍人違反職責罪中的普通具體犯罪的概念、特徵（構成要件）以及應當區分的界限與應當注意的問題。

熟悉軍人違反職責罪中的重點具體犯罪（常見罪、嚴重罪、疑難罪）的概念、特徵（構成要件），並熟練運用重點具體犯罪的構成要件分析疑難案件。

提示：

有關分則部份的條文，除了要清楚各罪的構成要件、區分罪與非罪、此罪與彼罪間之同外，對於罪數的

掌握也是考試的重點，另外，要注意司法解釋，也是大陸司法考試的重點。

十、刑事訴訟法

刑事訴訟法在 2007 年的大綱分成二十一章節：刑事訴訟法概述、刑事訴訟法的基本原則、刑事訴訟中的專門機關和訴訟參與人、管轄、回避、辯護與代理、刑事證據、強制措施、附帶民事訴訟、期間、送達、立 案、偵查、起訴、刑事審判概述、第一審程序、第二審程序、死刑復核程序、審判監督程序、執行、未成年人刑事案件訴訟程序、涉外刑事訴訟程序與司法協助制度。

▶提示：

訴訟法在大陸司法考試中起了關鍵的地位，其分值與實體法相近，而且也不像刑法或行政法與行政訴訟法內容繁雜、得分不易，訴訟法相對範圍較小，考點也集中，在嚴峻的第二卷中，刑事訴訟法的分必須要全部拿到，才有可能取得及格的分數。刑事訴訟法的準備方式是以法條為重點，注意各機關之間的職能、程序之間的關聯性等，在刑事訴訟法中，各個程序之間皆有環環相扣，所以一個知識點沒掌握好，就可能會失去許多試題的分數，是在複習刑事訴訟法中要特別注意的。

▶準備時間：

(一) 在「刑事訴訟法概述」章中，考試大綱所列的基本要求為：

瞭解刑事訴訟與刑事訴訟法的概念，以及中國大陸刑事訴訟法的淵源。

理解刑事訴訟法與刑法的關係、刑事訴訟法的制定目的和任務、刑事訴訟的若干基本理念和基本範疇。

熟悉刑事訴訟的基本原理並能夠運用。

▶提示：

　　基本概念在大陸司法考試中必須小心掌握，是看似簡單但容易在實戰中失分的部份。

(二) 在「刑事訴訟法的基本原則」章中，考試大綱所列的基本要求為：

　　瞭解刑事訴訟法的基本原則的概念與特點以及《刑事訴訟法》規定的主要原則的概念與特點。

　　理解《刑事訴訟法》規定的主要原則的含義、內容和基本要求。

　　熟悉《刑事訴訟法》以及有關法律解釋對基本原則的規定，並能夠運用這些規定解決實際問題。

※新增考點：

　　「刑事訴訟法之體」

　　「刑事訴訟階級」

(三) 在「刑事訴訟中的專門機關和訴訟參與人」章中，考試大綱所列的基本要求為：

　　瞭解公安機關、人民法院、人民檢察院在刑事訴訟中的職權與組織體系以及各種訴訟參與人的概念。

　　理解公安機關、人民法院、人民檢察院的性質以及各種訴訟參與人在刑事訴訟中的地位。

　　熟悉各國家專門機關在刑事訴訟中的職權以及主要訴訟參與人在刑事訴訟中的訴訟權利，能夠運用《刑事訴訟法》以及相關法律解釋中的規定解決實際問題。

▶提示：

　　注意公檢法機關職責的分工。

(四) 在「管轄」章中,考試大綱所列的基本要求為:

瞭解管轄、立案管轄、審判管轄、級別管轄、地區管轄的概念。

理解劃分立案管轄的根據和人民法院、人民檢察院、公安機關直接受理的案件範圍。

熟悉審判管轄、級別管轄、管轄變通的特點以及劃分地區管轄所依據的原則和專門法院管轄的案件範圍。

▶提示:

管轄的部份約佔第二卷約有十分的分值,除了《刑事訴訟法》的有關規定外,也要注意與刑法之間的連接關係。

(五) 在「回避」章中,考試大綱所列的基本要求為:

瞭解回避的概念和意義、回避的種類、回避的程序。

理解回避的適用人員、回避的理由、回避的決定機關或人員。

熟悉《刑事訴訟法》以及相關法律解釋中有關回避的規定,並能夠運用這些規定解決實際問題。

(六) 在「辯護與代理」章中,考試大綱所列的基本要求為:

瞭解辯護制度、自行辯護、指定辯護、委託辯護、拒絕辯護、法律援助制度、刑事代理制度的概念。

理解辯護人的範圍,辯護的種類,辯護人參加訴訟和律師辯護的意義。

熟悉辯護人、特別是辯護律師的任務、地位、權利、義務和辯護活動,辯護詞的基本格式與寫法,以及律師在刑事訴訟中的代理,並能夠熟練運用。

▶提示：

　　本章在除了在第二卷中重要，同時也很有可能在第四卷中出題。

(七) 在「刑事証據」章中，考試大綱所列的基本要求為：

　　瞭解刑事證據、證人證言、被告人供述和辯解、被害人陳述、鑒定結論、勘驗、檢查筆錄及人證、物證、書證、原始證據、傳來證據、有罪證據、無罪證據、直接證據、間接證據、證明責任、證明標準等概念。

　　理解刑事訴訟證據的特點和意義，各種法定證據的特點和相互間的區別，理論上對證據分類的依據及間接證據的特點和運用，重證據不輕信口供、嚴禁刑訊逼供原則的要求和意義，英美法系國家刑事證明標準、大陸法系國家刑事證明標準。

　　熟悉非法證據排除規則，共犯口供的適用，證人的保護制度，運用間接證據定案的規則，證明責任原理及中國大陸刑事訴訟證明責任的分配，審查判斷證據的任務、標準和對各種證據的審查判斷，並能夠熟練運用。

▶提示：

　　本章的分值相當的高，而且也相對容易掌握。

(八) 在「強制措施」章中，考試大綱所列的基本要求為：

　　瞭解強制措施的概念、特點。

　　理解各種強制措施的適用對象或者條件、適用機關、審批程序和執行程序。

　　熟悉《刑事訴訟法》中有關強制措施的規定以及各有關部門的規定或司法解釋，並能夠運用這些規定解決實際問題。

▶提示：

注意各強制措施之間的關係，以及有權力實施的機關為何，另外有關的數字在本章要清楚的記憶。

(九) 在「附帶民事訴訟」章中，考試大綱所列的基本要求為：

瞭解附帶民事訴訟的概念和意義。

理解附帶民事訴訟的賠償範圍、當事人資格、提起和審判程序。

熟悉《刑事訴訟法》中有關附帶民事訴訟的規定和各有關部門的規定或者解釋，並能夠運用這些規定解決實際問題。

(十) 在「期間、送達」章中，考試大綱所列的基本要求為：

瞭解期間和送達的概念。

理解法定期間的規定、期間的計算、期間的延長、期間的恢復以及送達規則。

熟悉《刑事訴訟法》中有關期間和送達的規定和各有關部門的規定或者解釋，並能夠運用這些規定解決實際問題。

(十一) 在「立案」章中，考試大綱所列的基本要求為：

瞭解立案的概念、特徵和意義，立案監督的概念。

理解立案的材料來源、立案的條件、立案的程序、立案監督制度。

熟悉《刑事訴訟法》以及有關法律解釋對立案程序的規定，並能夠運用這些規定解決實際問題。

(十二) 在「偵查」章中，考試大綱所列的基本要求為：

瞭解偵查、偵查權、偵查程序的概念、各種偵查行為的概念、偵查終結的概念、補充偵查的概念、偵查監督的概念。

理解偵查工作的原則、偵查的司法控制、各種偵查行為的法定程序、偵查終結的條件和處理程序、人民檢察院對直接受理案件的偵查程序、補充偵查的種類、偵查監督的程序。

熟悉《刑事訴訟法》以及有關法律解釋對偵查程序的規定，並能夠運用這些規定解決實際問題。

(十三) 在「起訴」章中，考試大綱所列的基本要求為：

瞭解起訴、審查起訴、提起公訴、不起訴及出庭支持公訴、提起自訴等概念。

理解刑事公訴的一般理論，提起公訴的任務和意義，審查起訴的內容、程序，提起自訴的程序特點。

熟悉審查起訴的步驟和方法，提起公訴、不起訴的條件，起訴書的製作、自訴狀的內容與格式，並能夠熟練運用。

(十四) 在「刑事審判概述」章中，考試大綱所列的基本要求為：

瞭解刑事審判的概念和任務，刑事審判模式的概念和特徵，刑事審判各原則的概念、審級制度的概念、審判組織的概念。

理解刑事審判的任務和意義、中國大陸刑事審判模式的改革、各種審判原則的內容、審判組織的組成和運行。

熟悉刑事審判相關原理並能夠運用。

(十五) 在「第一審程序」章中，考試大綱所列的基本要求為：

瞭解第一審程序的概念、公訴案件庭前審查的概念、反訴的概念、簡易程序的概念。

理解公訴案件第一審程序的內容，自訴案件第一審程序的特點，簡易程序的內容，判決、裁定、決定的區別。

熟悉《刑事訴訟法》以及有關法律解釋對第一審程序的規定並能夠運用這些規定解決實際問題，熟悉判決、裁定、決定的製作要求和內容，並能夠實際運用。

(十六) 在「第二審程序」章中，考試大綱所列的基本要求為：

瞭解第二審程序的概念、上訴與抗訴的概念、全面審查原則和上訴不加刑原則的概念。

理解上訴、抗訴的主體範圍、理由，全面審查原則和上訴不加刑原則的內容，第二審程序的審理程序和審理後的處理，對扣押、凍結在案財物的處理程序，以及在法定刑以下判處刑罰的核准程序。

熟悉《刑事訴訟法》以及有關法律解釋對第二審程序的規定，並能夠運用這些規定解決實際問題，熟悉上訴狀、抗訴書的內容與製作要求，並能夠實際運用。

(十七) 在「死刑覆核程序」章中，考試大綱所列的基本要求為：

瞭解死刑覆核程序的概念、特點和意義。

理解死刑立即執行的核准權和死刑緩期二年執行的核准權、報請覆核的要求、覆核的具體程序、覆核後的處理方式。

熟悉《刑事訴訟法》中有關死刑覆核程序的規定以及各有關部門的規定或者解釋，並能夠運用這些規定解決實際問題。

(十八) 在「審判監督程序」章中，考試大綱所列的基本要求為：

瞭解審判監督程序的概念、申訴的概念。

理解審判監督程序的特點、提起審判監督程序的主體範圍、提起審判監督程序的理由和方式，以及依照審判監督程序對案件的重新審判程序。

熟悉《刑事訴訟法》以及有關法律解釋對審判監督程序的規定，並能夠運用這些規定解決實際問題。

▶提示：

刑事訴訟中的階段的程序要注意彼此之間的比較，如審判監督程序與二訴程序的比較、審判監督程序與死刑覆核程序的比較、上訴與抗訴的區別、申訴與上訴的區別等。

(十九) 在「執行程序」章中，考試大綱所列的基本要求為：

瞭解執行程序的概念、執行的依據和執行機關。

理解各種判決、裁定的執行程序、執行的變更程序、對新罪和申訴的處理程序以及人民檢察院對執行的監督程序。

熟悉《刑事訴訟法》以及有關法律解釋對執行程序的規定，並能夠運用這些規定解決實際問題。

(二十) 在「未成年人刑事案件訴訟程序」章中，考試大綱所列的基本要求為：

瞭解未成年人刑事案件訴訟程序的概念、意義，以及未成年人刑事案件訴訟程序的法律依據。

理解未成年人刑事案件訴訟程序的特有原則和特點。

熟悉《刑事訴訟法》以及有關法律解釋對未成年人刑事案件訴訟程序的規定，並能夠運用這些規定解決實際問題。

▶提示：

注意簡易程序、被告人認罪案件、未成年人刑事案件訴訟程序的比較。

(二一) 在「涉外刑事訴訟程序與司法協助制度」章中，考試大綱所列的基本要求為：

瞭解涉外刑事訴訟程序的概念、刑事司法協助的概念。

理解涉外刑事訴訟程序所適用的案件範圍、涉外刑事訴訟所適用的法律、涉外刑事訴訟程序的特有原則、刑事司法協助的主體。

熟悉《刑事訴訟法》以及有關法律解釋對涉外刑事訴訟程序與司法協助制度的規定，並能夠運用這些規定解決實際問題。

提示：如大綱所述，本章的規定有其特殊性，雖然出題的頻率不算高，但仍建議作準備。

十一、行政法與行政訴訟法

行政法與行政訴訟法在 2007 年的大綱分成二十四章節：行政法概述、行政組織與公務員、抽象行政行為、具體行政行為概述、行政許可、行政處罰、行政強制、行政合同與政府採購、行

政給付、行政程序、行政應急、對行政的監督和權利救濟概述、行政覆議、行政訴訟概述、行政訴訟的受案範圍、行政訴訟的管轄、行政訴訟參加人、行政訴訟程序、行政訴訟的特殊制度與規則、行政案件的裁判與執行、國家賠償概述、行政賠償、司法賠償、國家賠償方式、標準和費用。

▶提示：

不論是臺灣律師考試或大陸司法考試，行政法與行政訴訟法都是屬於不容易得分的科目。而且近年來的行政法與行政訴訟法都有從理論直接出題的趨勢，所以在基本理論的部份應多加用心，而且在 2006 年的大陸司法考試中也有第四卷也出現了行政法與行政訴訟法的題目。

▶準備時間：

行政法與行政訴訟法範圍廣泛、難度也較大，建議與刑法、民法並列為第一階段的準備科目。

(一) 在「行政法概述」章中，考試大綱所列的基本要求為：

本章涉及行政法基礎性的一般問題。

要求對行政法基本概念、法律淵源和基本原則三個部分有全面的瞭解。

特別要求注意理解的內容是：主導行政職能的轉變與行政法類型變化的關係、行政法基本原則與民法基本原則的區別。

要求能夠運用本章的理論和制度分析判斷行政法相關問題。

▶提示：

近年來的行政法與行政訴訟法都有從理論直接出題的趨勢，所以在基本理論的部份應多加用心，而且在 2006 年的大陸司法考試中也有第四卷也出現了行政法與行政訴訟法的題目。

(二) 在「行政組織與公務員」章中，考試大綱所列的基本要求為：

本章內容是關於行政組織法的基本理論和制度。

要求對行政組織法和公務員法有全面的瞭解。

需要特別注意理解的問題包括：法律授權對行政職能許可權的規定性、非政府組織履行行政職能的性質和地位、公務員法的適用範圍不限於國家行政機關公職人員。

特別要求能夠運用行政組織法理論和制度分析解決行政權限合法性和公務員的行政紀律責任問題。

▶提示：

其部份知識點與憲法有些相關，重點掌握「地方國家行政機關」及「公務員」部份，這部份的考點多與「具體行政行為概述」章一起出題。

(三) 在「抽象行政行為」章中，考試大綱所列的基本要求為：

本章內容是關於行政機關制定發佈規則和政策的理論和制度。

要求對行政機關制定發佈行政法規、規章、有普遍約束力的決定和命令的基本制度有全面的瞭解。

需要特別注意理解的問題是：行政規則和行政政策涉及不特定人的集體利益和社會公共利益，利害關係人和其他社會群體有權依照法律參與這一行政決策過程。

特別要求能夠運用抽象行政行為的理論和制度分析解決行政規則和行政政策的制定程序合法性問題和行政規則、行政政策與上位立法的衝突問題。

▶提示：

本章與「具體行政行為概述」章是行政法與行政訴訟法的重要考點。

(四) 在「具體行政行為概述」章中，考試大綱所列的基本要求為：

本章內容是關於行政機關就具體事項對特定當事人採取處理措施的一般理論和制度。

要求對具體行政行為的概念、成立和效力、一般合法要件和若干類型有全面的瞭解。

需要特別注意理解的問題是：具體行政行為區別於抽象行政行為的標準、具體行政行為效力的取得和喪失的條件。

特別要求能夠運用具體行政行為的一般理論和制度，分析判斷具體行政行為合法性的基本條件問題。

▶提示：

本章與「抽象行政行為概述」章是行政法與行政訴訟法的重要考點。

(五) 在「行政許可」章中，考試大綱所列的基本要求為：

本章內容是關於行政許可的基本制度。

要求對行政許可的設定、實施、監督和本章提到的其他相關概念和制度有全面的瞭解。

需要特別注意理解的問題是：區分普通許可和特別許可的法律特徵、設定行政許可與市場調節、個體自主、社

會自律的關係、普通許可實施程序與特別許可實施程序的區別、行政許可被授予人的法定公共義務。

　　特別要求能夠分析解決行政許可授予過程和監督檢查過程中的行政行為合法性問題。

▶提示：

　　行政許可的規定較容易掌握，注意程序中的細節規定。

(六) 在「行政處罰」章中，考試大綱所列的基本要求為：

　　本章內容是關於行政處罰的基本制度和治安行政處罰制度。

　　要求對行政處罰的設定、實施和本章提到的其他相關概念和制度有全面的瞭解。

　　需要特別注意理解的問題是：防止行政侵權和制裁公民、法人和其他組織行政違法行為是行政處罰制度的基本宗旨，行政處罰的設定、實施機關和處罰程序是行政處罰制度的三個主要制度環節。

　　特別要求能夠分析解決行政機關行使裁量性行政處罰職權的合法性問題。

▶提示：

　　行政法與行政訴訟法的題目各章之間的連貫性強，本章就可結合「抽象行政行為概述」、「具體行政行為概述」、「行政覆議法」、行政覆議機關等多個知識點一起出題。

(七) 在「行政強制」章中，考試大綱所列的基本要求為：

　　本章內容是關於行政強制的基本理論和相關制度。

要求對行政強制措施和行政強制執行概念和制度有全面的瞭解。

需要特別注意理解的問題是：行政強制措施與行政強制執行兩類制度的區別和適用條件。

特別要求能夠運用相關原則解決採取強制措施中的程序合法性問題。

(八) 在「行政合同與政府採購」章中，考試大綱所列的基本要求為：

本章內容是關於行政合同和政府採購的理論和制度。

要求對行政合同和政府採購的理論和制度有全面的瞭解。

需要特別注意理解的問題是：行政合同和政府採購是引入協商和競爭機制利用社會資源實現行政職能的一種方式，是同時具有民法和公法因素的綜合制度。

特別要求能夠分析解決行政公務承包和貨物、服務、工程的招標採購和投訴處理問題。

(九) 在「行政給付」章中，考試大綱所列的基本要求為：

本章內容是關於行政給付的理論和制度。

要求對本章所列行政給付概述和種類的內容有全面的瞭解。

需要特別注意理解的問題是：行政給付是政府滿足公民社會權和其他公法受益權行政義務的總和，反映著政府維護社會公平正義的活動宗旨，它是對一類積極行政職能的概括，而不是對行

※新增考點：

「政府信息公開」

「政府信息公開制度的概念」

「政府信息公開制度的主要內容」

(十) 在「行政程序」章中，考試大綱所列的基本要求為：

本章內容是關於行政程序的理論和制度。

要求對行政程序的理論和制度有全面的瞭解。

需要特別注意理解的問題是：行政程序是解決當代行政合法性問題的基本制度之一，行政公開、公眾和利害關係人參與是行政程序的中心制度。

特別要求能夠分析解決行政聽證程序合法性的理論和實踐問題。

※新增考點：

「行政覆議指導與監督」

(十一) 在「行政應急」章中，考試大綱所列的基本要求為：

本章內容是關於行政應急的理論和制度。

要求對行政應急概述和措施兩部分內容有全面的瞭解。

需要特別注意理解的問題是：行政應急情形導致的法律後果，是平常法律權利義務的中止和法定應急權利義務的生效。

特別要求能夠分析解決採取行政應急措施的合法性問題。

(十二) 在「對行政的監督與權利的救濟概述」章中，考試大綱所列的基本要求為：

本章內容是關於對行政的監督和對當事人提供權利救濟兩方面的理論和制度。

要求對行政的監督和權利救濟的概述和對行政監察制度兩部分內容有全面的瞭解。

需要特別注意理解的問題是：對行政的監督是維護國家和社會公共利益及其行政法秩序的制度，權利救濟是恢復公民、法人和其他組織合法權益糾正行政侵權的制度。

特別要求能夠分析解決對行政機關和公務員的行政監察措施的合法性問題。

(十三) 在「行政覆議」章中，考試大綱所列的基本要求。

本章內容是關於行政覆議的基本制度。

要求對行政覆議的概念和原則及其各個具體制度環節有全面的瞭解。

需要特別注意理解的問題是：行政覆議是行政機關依據層級監督職權解決行政爭議的裁決制度，具有維護行政法律秩序和恢復公民、法人和其他組織合法權益的雙重功能。

特別要求能夠分析解決行政機關在受理和作出復議決定中的程序合法性問題。

▶提示：

本章為行政法與行政訴訟法的一個重要考點，佔的分值也頗高，其法條及各章節皆具有可考性，也通過結合其他章節「行政處罰」等一起出題。

(十四) 在「行政訴訟概述」章中，考試大綱所列的基本要求。

瞭解行政爭議、行政訴訟與行政訴訟法的概念、特徵，中國大陸行政訴訟法的淵源、效力範圍以及行政訴訟的基本原則。

　　理解行政訴訟與民事訴訟之間的關係、行政訴訟與刑事訴訟之間的關係，具體行政行為合法性審查原則。

　　熟悉行政爭議的特點以及合法性審查原則並能夠運用。

▶提示：

　　注意與「行政覆議」的關係、受案範圍、管轄、及參加人等的比較。

(十五) 在「行政訴訟的受案範圍」章中，考試大綱所列的基本要求。

　　瞭解行政訴訟管轄的概念、種類以及裁定管轄的幾種情況。

　　理解行政訴訟的級別管轄和地域管轄。

　　熟悉中級人民法院的管轄、特殊地域管轄以及共同管轄並能夠運用。

▶提示：

　　行政訴訟法是行政法與行政訴訟法一門中的重要考點，各章節的皆有可考性，考生除了要注意法條的規定外，對於整個程序要有全面的理解，才足以應付行政訴訟法的題目。

(十六) 「行政訴訟的管轄」章中，考試大綱所列的基本要求。

　　瞭解行政訴訟管轄的概念、種類以及裁定管轄的幾種情況。

　　理解行政訴訟的級別管轄和地域管轄。

　　熟悉中級人民法院的管轄、特殊地域管轄以及共同管轄並能夠運用。

(十七) 在「行政訴訟的參加人」章中，考試大綱所列的基本要求。

　　　瞭解行政訴訟當事人和訴訟代表人的概念和訴訟地位、訴訟代理人的概念和種類。

　　　理解行政訴訟的原告、被告和第三人、共同訴訟人的概念和確認規則。

　　　熟悉行政訴訟原告的確認規則和行政訴訟被告的確認規則並能夠運用。

(十八) 在「行政訴訟程序」章中，考試大綱所列的基本要求。

　　　瞭解起訴與受理的概念、行政訴訟的第一審程序、第二審程序和審判監督程序的基本步驟。

　　　理解起訴與受理的條件、行政訴訟審理前的準備、行政訴訟上訴案件的審理方式以及審判監督程序的提起與審理。

　　　熟悉起訴的條件並能夠運用。

(十九) 在「行政訴訟的特殊制度與規則」章中，考試大綱所列的基本要求。

　　　瞭解行政訴訟證據的概念和種類、行政訴訟法律適用的含義、行政案件審理中各項特殊制度的含義以及涉外行政訴訟的概念與特徵。

　　　理解行政訴訟法律衝突的適用規則、行政案件審理中各項特殊制度的具體內容以及涉外行政訴訟的原則與法律適用。

　　　熟悉行政訴訟證據制度、行政訴訟法律適用的規則並能夠運用。

▶提示：

行政訴訟法證據制度、行政訴訟法律適用的規則的特殊性是重要的考點之一，另注意與刑事訴訟法相關規定之比較，考生應小心不要在考試時混淆了不同訴訟法間的相近考點。

(二十) 在「行政的裁判與執行」章中，考試大綱所列的基本要求。

瞭解行政訴訟判決、裁定和決定的含義、適用範圍及效力，行政訴訟的執行與非訴行政案件執行的含義。

理解行政訴訟判決的種類與適用條件，行政訴訟的執行以及非訴行政案件的執行。

熟悉行政訴訟判決的種類及其適用條件並能夠運用。

(二一) 在「國家賠償概述」章中，考試大綱所列的基本要求。

瞭解國家賠償、國家賠償責任、國家賠償法的概念與特徵。

理解國家賠償與相關概念之間的關係。

熟悉國家賠償責任的構成要件並能夠運用。

熟悉行政賠償的範圍與程序並能夠運用。

(二二) 在「行政賠償」章中，考試大綱所列的基本要求。

瞭解行政賠償、行政賠償範圍、行政賠償請求人、行政賠償義務機關、行政賠償程序的概念和特徵。

理解行政賠償的歸責原則、行政賠償義務機關的確認規則。

熟悉行政賠償的範圍與程序並能夠運用。

(二三) 在「司法賠償」章中，考試大綱所列的基本要求。

　　　瞭解司法賠償、司法賠償範圍、司法賠償請求人、司法賠償義務機關、司法賠償程序的概念和特徵。

　　　理解司法賠償的歸責原則、司法賠償義務機關的確認規則。

　　　熟悉司法賠償的範圍與程序並能夠運用。

(二四) 在「國家賠償方式、標準和費用」章中，考試大綱所列的基本要求。

　　　瞭解國家賠償的方式和國家賠償費用的來源、支付和管理。

　　　理解國家賠償的幾種方式的含義。

　　　熟悉國家賠償的計算標準並能夠運用。

　　▶提示：

　　　在最後幾章中，注意行政賠償與司法賠償、國家賠償與國家補償、行政訴訟被告與行政賠償義務機關的不同及比較。

十二、民法

　　民法在 2007 年的大綱分成三十八章節：民法概述、自然人、法人、物與有價證券、民事法律行為、代 理、訴訟時效與期限、物權概述、所有權、共有、用益物權、擔保物權、占有、債的概述、債的履行、債的保全和擔保、債的移轉和消滅、合同概述、合同的訂立、雙務合同履行抗辯權、合同的變更和解除、合同責任、轉移財產權利的合同、完成工作成果的合同、提供勞務的合同、技術合同、不當得利、無因管理、知識產權概述、著作

權、專利權、商標權、婚姻家庭、繼承概述、法定繼承、遺囑繼
承、遺贈和遺贈扶養協議、遺產的處理、人身權、侵權行為。

▶提示：

大陸考生間有句話，「得民法者得天下也」就足見民法在大
陸司法考試中的地位，不過由於近年來的考試結構有所改變，但
民法所佔的分值仍在近二十五分左右。對臺灣考生而言，民法應
當是比較容易的科目之一，其中與臺灣有關規定相近似也不在少
數，不過重點應在於注意其中不同之處，萬萬不可因為規定相近
就輕忽了民法。物權法是去年的新法，在 2007 年的考試中是
「熱門考點」，今年的分值應該也不會太低，約可佔近十分，另
外，知識產權部份近年的分值也在提高。民法雖然相較之下，似
乎是臺灣考生寰熟悉的科目，但也並不因此而容易得分，畢竟民
法一科所包括的部門法眾多，考生在準備民法的時候，更應該注
意比較與臺灣規定之不同，才能避免在考試中張冠李戴的情形。

▶準備時間：

民法、刑法、行政法與行政訴訟法屬於大陸司法考試中分值
高、需要較高時間理解的「大法」，建議在大陸司法考試的複習
計劃中的第一階段就先做好準備。

(一) 在「民法概述」章中，考試大綱所列的基本要求。

瞭解民法的概念、民法的調整對象、民法的淵源、民
法的適用範圍，民事法律關係的概念和特徵、要素，民事
權利、民事義務、民事責任的概念。

理解民事權利、民事義務和民事責任的分類及其意
義，理解民事法律事實的概念及分類。

　　熟悉民法的各項基本原則的含義及其應用、民事權利的救濟方式並能夠運用。

(二) 在「自然人」章中，考試大綱所列的基本要求。

　　瞭解自然人的民事權利能力和民事行為能力的概念，自然人的住所，監護的概念、監護人的職責、監護的終止，宣告失蹤和宣告死亡的概念，個人合夥的概念和特徵、終止。

　　理解監護人的設立，宣告失蹤和宣告死亡的法律要件，個體工商戶和農村承包經營戶的財產責任。

　　熟悉自然人的民事權利能力的開始和終止，自然人民事行為能力的類型，宣告失蹤和宣告死亡的效力及其撤銷，個人合夥的財產關係、內部關係、債務承擔的基本規則，並能夠運用。

(三) 在「法人」章中，考試大綱所列的基本要求。

　　瞭解法人的概念和特徵，法人機關的類型，法人的登記，法人聯營的概念、形式。

　　理解法人應具備的條件，法人的設立方式和設立的要件，法人終止的原因、清算，聯營規避行為的效力。

　　熟悉並能夠運用法人的分類、法人的民事權利能力、民事行為能力和責任能力、法人與法人的分支機構、法人的合併與分立的基本規則分析相關問題。

(四) 在「物與有價證券」章中，考試大綱所列的基本要求。

　　瞭解物的概念和特徵，有價證券的概念和特徵、類型以及常見的有價證券。

　　理解貨幣的特殊法律屬性。

熟悉物的分類的標準及其法律意義並能夠運用。

(五) 在「民事法律行為」章中,考試大綱所列的基本要求。

瞭解民事法律行為的概念和特徵,無效民事行為、可變更、可撤銷民事行為以及效力未定民事行為的概念。

熟悉民事法律行為的分類標準及法律意義,民事法律行為成立的共通要件、特別要件,民事法律行為成立的效力,民事法律行為的生效,意思表示的類型、瑕疵,附條件與附期限的民事法律行為,無效民事行為的類型、效果,民事行為的部分無效,可撤銷民事行為的類型、效果,效力未定民事行為的類型、效果,並能夠運用本章的理論分析相關問題。

(六) 在「代理人」章中,考試大綱所列的基本要求。

瞭解代理的概念和法律要件,代理權的概念、終止。

理解代理的特徵、類型。

熟悉複代理的要件、效力,代理權的發生、授予,濫用代理權之禁止,狹義無權代理的類型、效果,表見代理的要件、效果,並能夠運用本章的理論分析相關問題

(七) 在「訴訟時效與期限」章中,考試大綱所列的基本要求。

瞭解訴訟時效的概念和特徵,期限的含義、效力、性質、類型。

理解訴訟時效與除斥期間的區別。

熟悉並能夠運用訴訟時效的法律要件和法律效果,訴訟時效的期間、起算以及中止、中斷、延長,期間的計算方法,期間的始期與終期的基本規則分析相關問題。

▶提示：

　　在民法的部分，有幾個考點值得考生注意的有關於特殊侵權行為的規定：(一)高度危險作業；(二)地面施工責任；(三)建築物侵權責任；(四)堆放物致人損害；(五)產品責任；(六)飼養動物侵權；(七)安全保障義務與第三人；(八)教育機構與過錯責任；(九)雇員侵權的雇主責任；(十)定作人的民事責任；(十一)雇員工傷的雇主責任；(十二)義務幫工人致人損害及遭受損害時的責任。

(八) 在「物權概述」章中，考試大綱所列的基本要求。

　　瞭解物權的概念和特徵，物權變動的概念。

　　理解物權法定主義原則，民法學上物權的分類的標準及意義，物權行為。

　　熟悉物權變動的原則以及物權的效力、物權的變動原因、物權的公示、物權的保護方法的基本規則並能夠運用。

※新增考點：

　　「法人所有權」

　　「業主的建築物區分所有權的概念」

　　「業主的建築物區分所有權的內容」

　　「主物轉讓時從物歸屬與孳息所有權的歸屬」

▶提示：

　　物權的部份，應注意與擔保法之間的相關規定，物權法整合了過去散見於其他部門法的規定，注意物權修正了過去的那些規定，都是物權法中的重要考點。

(九) 在「所有權」章中，考試大綱所列的基本要求。

瞭解所有權的概念和特徵，相鄰關係的概念。

理解所有權的內容、種類，相鄰關係的處理原則、主要的相鄰關係。

熟悉國家土地所有權、集體土地所有權、建築物區分所有權的基本規則，動產所有權的特殊取得方法並能夠運用。

(十) 在「共有」章中，考試大綱所列的基本要求。

瞭解共有的概念、特徵，准共有、按份共有、共同共有的概念。

理解共有物的分割，共同共有的類型。

熟悉並能夠運用按份共有、共同共有的內、外部關係的基本規則分析解決相關問題。

(十一) 在「用益物權」章中，考試大綱所列的基本要求。

瞭解用益物權以及土地承包經營權、建設用地使用權、宅基地使用權、地役權的概念和特徵，土地承包經營權的取得和消滅，建設用地使用權的產生和期限，地役權的消滅。

熟悉土地承包經營權、建設用地使用權、宅基地使用權、地役權的當事人權利、義務的基本規則並能夠運用。

(十二) 在「擔保物權」章中，考試大綱所列的基本要求。

瞭解擔保物權以及抵押權、質權、留置權的概念和特徵，留置權的消滅。

理解抵押權的設立、實現、終止，動產質權、權利質權的設立，權利質權的標的。

熟悉抵押權當事人的權利，特殊抵押權，動產質權、權利質權當事人的權利和義務，留置權取得的積

極、消極條件，留置權的效力，擔保物權的競合問題，並能夠運用本章的理論分析相關問題。

(十三) 在「佔有」章中，考試大綱所列的基本要求。

瞭解佔有的概念和性質。

理解佔有的種類，佔有的取得和消滅。

熟悉佔有的事實推定和權利推定、佔有人與返還請求權人的關係、佔有人的自力救濟權和佔有保護請求權的基本規則，並能夠運用本章的理論分析相關問題。

(十四) 在「債的概述」章中，考試大綱所列的基本要求。

瞭解債的概念和特徵、債的要素及其特點。

理解債的發生原因，債的分類及其意義。

▶提示：

債法是民法領域中重要的考點之一，這部份已反覆考了多年，建議多參酌考古題，有利於這部份的複習及題型的掌握。

(十五) 在「債的履行」章中，考試大綱所列的基本要求。

熟悉債的履行的基本規則、債的不履行和不適當履行的主要表現及其法律後果，並能夠運用本章的理論分析相關問題。

(十六) 在「債的保全與擔保」章中，考試大綱所列的基本要求

瞭解債的保全的概念及其意義，債權人代位權、債權人撤銷權的概念，債的擔保的概念和種類。

熟悉債權人代位權、債權人撤銷權的成立要件、行使規則及其效力，保證、定金的成立和效力規則，並能夠運用本章的理論分析相關問題。

▶提示：

　　有關債權人代位權、債權人撤銷權的成立要件、行使規則及其效力也是出題的重點，另外要注意定金、違約金及損害賠償的區別及競合問題。

(十七) 在「債的移轉與消滅」章中，考試大綱所列的基本要求
瞭解債的移轉的概念。

　　熟悉債權讓與、債務承擔的基本原理和規則，債的各種消滅事由的構成及其效力並能夠運用。

(十八) 在「合同概述」章中，考試大綱所列的基本要求。
瞭解合同的概念和特徵。

　　熟悉合同的各種分類及其意義並能夠運用

(十九) 在「合同的訂立」章中，考試大綱所列的基本要求
熟悉合同訂立（要約與承諾）的規則及合同成立的標準、格式條款的含義及其特殊效力規則和解釋規則、合同解釋的原則與方法並能夠運用。

(二十) 在「雙務合同履行抗辯權」章中，考試大綱所列的基本要求。

　　熟悉同時履行抗辯權、不安抗辯權、順序履行抗辯權的內涵及其成立條件和效力並能夠運用。

(二一) 在「合同的變更與解除」章中，考試大綱所列的基本要求。
瞭解合同的變更和解除的含義。

　　熟悉合同的變更和解除的條件及其效力並能夠運用。

(二二) 在「合同責任」章中，考試大綱所列的基本要求。
瞭解違約行為的形態。

熟悉違約責任的歸責原則和免責事由、各種違約責任形式的適用條件及違約責任與侵權責任的競合規則、締約過失責任的構成要件和賠償範圍並能夠運用。

(二三) 在「轉移財產權利的合同」章中，考試大綱所列的基本要求。

瞭解買賣合同、供用電、水、氣、熱力合同、贈與合同、借款合同、租賃合同、融資租賃合同的法律特徵。

熟悉上述各種合同當事人的主要權利和義務及其相關規則並能夠運用。

(二四) 在「完成工作成果的合同」章中，考試大綱所列的基本要求。

瞭解承攬合同、建設工程合同的法律特徵。

熟悉上述合同當事人的權利義務及其相關規則並能夠運用。

(二五) 在「提供勞務的合同」章中，考試大綱所列的基本要求

瞭解運輸合同、保管合同、倉儲合同、委託合同、行紀合同、居問合同的法律特徵。

熟悉上述合同當事人的權利義務及其相關規則並能夠運用。

(二六) 在「技術合同」章中，考試大綱所列的基本要求

瞭解技術合同的概念、特徵。

熟悉技術合同的一般規則及各種技術合同的特有規則並能夠運用。

(二七) 在「不當得利、無因管理」章中，考試大綱所列的基本要求。

熟悉不當得利和無因管理的成立要件以及不當得利
之債和無因管理之債的內容並能夠運用。

(二八) 在「知識產權概述、無因管理」章中，考試大綱所列的
基本要求。

瞭解知識產權的概念和特徵，知識產權法的淵源。

理解知識產權民法保護的基本規則和知識產權國際
保護的原則。

▶提示：

智慧財產權是近年的考試重點，分值有逐年上升的
趨勢。

(二九) 在「著作權」章中，考試大綱所列的基本要求。

熟悉著作權客體、主體、內容、限制、保護的基本
原理和規定及鄰接權和電腦軟體著作權的原理和規則並
能夠運用。

(三十) 在「專利權」章中，考試大綱所列的基本要求。

熟悉專利權主體、專利權客體、專利權的授予條件
和程序、專利權的內容與限制、專利侵權行為及其法律
責任的基本原理和規定並能夠運用。

(三一) 在「商標權」章中，考試大綱所列的基本要求。

瞭解商標的概念和種類。

熟悉商標權的取得、商標權的內容、商標權的消
滅、商標侵權行為及馳名商標保護的基本原理和規定並
能夠運用。

(三二) 在「婚姻家庭」章中，考試大綱所列的基本要求。

瞭解結婚的概念和條件。

熟悉事實婚姻、非法同居、無效婚姻、可撤銷婚姻的含義和相關規則，協定離婚和訴訟離婚的相關規則及離婚的法律後果，夫妻關係、父母子女關係的內容及收養的基本規則，並能夠運用。

(三三) 在「繼承概述」章中，考試大綱所列的基本要求。

瞭解繼承權的概念特徵和繼承法的基本原則。

熟悉繼承權的取得、放棄、喪失的一般規則並能夠運用。

(三四) 在「法定繼承」章中，考試大綱所列的基本要求。

瞭解法定繼承的概念和特徵。

熟悉法定繼承的適用條件、繼承人範圍與順序、代位元繼承及法定繼承中的遺產分配的相關規則並能夠運用。

(三五) 在「遺囑繼承、遺贈和遺贈扶養協議」章中，考試大綱所列的基本要求。

瞭解遺囑繼承的概念和適用條件。

熟悉遺囑的形式要件及其效力規則，遺贈及遺贈扶養協定的法律特徵及其效力規則，並能夠運用。

(三六) 在「遺產的處理」章中，考試大綱所列的基本要求。

瞭解遺產的法律特徵、範圍及其認定規則。

熟悉繼承的開始及遺產分割和債務清償的基本規則，無人繼承又無人受遺贈的遺產的確定與處理規則並能夠運用。

(三七) 在「人身權」章中，考試大綱所列的基本要求。

瞭解人身權的概念和分類。

熟悉各種人格權、身份權的法律特徵及其保護規則並能夠運用。

(三八) 在「侵權行為」章中，考試大綱所列的基本要求。

瞭解侵權行為的概念和分類。

熟悉侵權行為的歸責原則及一般侵權行為的構成要件，共同侵權行為、共同危險行為的法律特徵及各種特殊侵權行為的特性，侵權責任的方式及其適用規則，侵權責任的抗辯事由以及責任競合規則，人身損害賠償的基本原理與規則，並能夠運用。

十三、商法

商法在 2007 年的大綱分成八章節：公司法、合夥企業法、個人獨資企業法、外商投資企業法、企業破產法、票據法、保險法、海商法。

(一) 在「公司法」章中，考試大綱所列的基本要求。

▶提示：

公司法在商法中居於首要的位址，出題的分數相當的高，另外也要注意其與三資企業法、企業破產法之間的關係。公司法的每一章節都是出題的重點，而且考的知識點也非常的細，要仔細的研讀公司法。

第一節 公司法概述

瞭解公司、公司法的基本概念、特徵以及公司的種類、公司權利能力和行為能力的概念、法定代表人的確定、公司法基本原則的內容。

理解公司的獨立財產與獨立責任及其與法人人格否認制度之間的內在關聯、區分法定代表人的代表行為和非代表行為、公司法強制性和任意性的關係及其立法體現。

熟悉公司的獨立財產和獨立責任、公司行為能力限制、母公司與子公司關係、本公司與分公司關係的原理和法律規定，分析和解決公司實務中的具體問題。

第二節　公司的設立

瞭解公司設立的幾種立法主義、公司設立的方式與設立登記的一般要求、公司名稱與住所的法律意義、公司章程的性質和特點、效力、制定與修改、公司資本原則和資本形成制度的基本內容。

理解區別公司設立與公司成立的法律意義、公司設立登記的效力、公司資本及與其相近概念的聯繫與區別、不同資本繳納制度的意義、股東出資的法律意義。

熟悉公司資本、資產及淨資產的相互關係、股東出資責任、股東出資形式、股東出資的法律要求等原理和制度，並能具體分析和解決公司實務中的具體問題。

第三節　公司的股東

瞭解股東的概念、股東權利與義務的一般規定、股東權利類型、股東代表訴訟的概念和特點、特別股東的特別義務、實際控制人的義務。

熟悉各種股東權利的基本內容、股東代表訴訟的構成要件和法律後果，並能對實踐中的具體問題作出分析。

第四節　公司的董事、監事、高級管理人員

瞭解公司董事、監事、高級管理人員的任職資格。

熟悉董事、監事、高級管理人員忠誠義務和勤勉義務的具體要求，並對違反此種義務的行為及其後果作出分析判斷。

第五節　公司的財務與會計制度

瞭解公司財務會計制度的基本要求和內容。

熟悉公司收益分配制度的原理和規定，並對公司的分配行為的合法性作出分析判斷。

第六節　公司債券

瞭解公司債券制度的一般原理和規定，並能對債券發行行為的合法性作出分析。

理解公司債券與股票的聯繫和區別。

第七節　公司的變更、合併與分立

瞭解公司變更的概念、公司合併和分立的種類。

理解不同形式的公司合併、分立的相互區別。

熟悉公司合併、分立的程序要求和法律後果，並對實踐中公司合併、分立的法律效力等問題作出分析認定。

第八節　公司的解散與清算

瞭解公司終止和解散的概念和原因、公司清算的法律意義。

理解公司終止、解散、清算三者之間的相互關係。

熟悉司法判決解散公司、清算組織、清算職責、清算順序等的原理和規定，並能對公司解散和清算中的實務問題作出分析和處理。

第九節　外國公司的分支機構

基本瞭解和掌握本節內容。

第十節　有限責任公司

瞭解有限公司的特徵、一人有限責任公司的特徵及其特別規定、國有獨資公司的一般規定。

理解有限公司的人合性及與其他制度和規定之間的內在關聯。

熟悉有限公司的設立條件和設立程序、股權證明與股權確認、股權轉讓、資本增加與減少、組織機構的原理和法律規定，並能分析和解決實務中的各種問題。

第十一節　股份有限公司

瞭解股份有限公司的特徵、股份發行的分類、原則、條件和程序、股份轉讓的一般要求、上市公司的特別規定。

理解股份有限公司的公開性及與其他制度和規定之間的內在關聯。

熟悉股份有限公司的設立條件和設立程序、組織機構、股份轉讓限制的原理和法律規定，並能分析和解決實務中的各種問題。

(二) 在「合夥企業法」章中，考試大綱所列的基本要求

瞭解合夥企業的概念、特徵，合夥企業與其他企業形態的區別，以及不同種類合夥人的法律地位。

理解合夥企業的法律性質和類型與其設立條件、財產關係、業務執行、入夥、退夥等制度之間的內在聯繫和立法根據。

熟悉和掌握普通合夥的設立條件、財產關係、合夥事務的執行、合夥與第三人的關係、入夥、退夥的條件、程序和法律效力、特殊普通合夥和有限合夥的特殊法律規則等，並能運用這些原理和法律規定分析和解決合夥企業設立和經營管理中的具體問題。

※新增考點：
「合夥的類型」

▶提示：
注意合夥企業與個人合夥間的不同與比較。

(三) 在「個人獨資企業法」章中，考試大綱所列的基本要求
瞭解個人獨資企業的概念、特徵、個人獨資企業與其他企業形態的區別。

理解個人獨資企業的設立條件、投資人的權利、義務和責任、解散和清算程序。

熟悉個人獨資企業的投資人及事務管理、解散和清算的法律規則，並能對獨資企業設立和經營行為的法律效力和法律後果作出認定。

(四) 在「外商投資企業法」章中，考試大綱所列的基本要求
瞭解外商投資企業的一般概念和特徵及其法律適用、法律管轄與司法保護的法律原則。

理解中外合資經營企業、中外合作經營企業、外資企業三類企業法律性質和法律規範的差異。

熟悉關於三類外商投資企業的設立條件、註冊資本、出資要求、出資責任、組織機構及其議事規則、解散和清算的法律規定，並能運用其分析外商投資企業設立和經營行為的法律效力和法律後果。

▶提示：

三資企業法之間的差異常是出題的重點。

(五) 在「企業破產法」章中，考試大綱所列的基本要求。

通曉企業破產法的一般規定、破產申請和受理、債務人財產、管理人、債權申報、債權人會議等基本制度，掌握重整、和解和破產清算三大程序的主要規則。

理解破產法的立法目的和原則，把握破產程序的流程和各程序之間的區別與聯繫。

應用破產法規則，公正、有效地解決破產財產管理和破產程序操作中的實務問題。

▶提示：

企業破產法是去年的「熱門考點」，法條的可考性強，建議考生除了基本的掌握企業破產法外，仍需注意與其他科目之間的連接與比較。

(六) 在「票據法」章中，考試大綱所列的基本要求。

瞭解票據的概念和票據的種類，票據法的概念和特徵，涉外票據的法律適用規則。

理解票據的特徵。

熟悉票據法律關係的類型和當事人。

(七) 在「保險法」章中，考試大綱所列的基本要求。

　　瞭解保險的概念，保險的要素，保險法的概念。

　　理解保險法的基本原則及其在具體制度中的體現。

(八) 在「保險法」章中，考試大綱所列的基本要求。

第一節　保險法概述

　　瞭解保險的概念，保險的要素，保險法的概念。

　　理解保險法的基本原則及其在具體制度中的體現。

第二節　保險合同總論

　　瞭解保險合同的概念，保險合同的分類，保險合同成立與生效的條件。

　　理解保險合同的特徵及其在具體制度中的體現，保險合同的當事人與關係人。

　　熟悉保險人與投保人各自在訂立合同時的義務，保險合同變更與解除的方式與效力，保險合同的履行規則，保險人的代為求償權原理及其運用。

第三節　保險合同分論瞭解財產保險合同和人身保險合同各自的概念、特徵和種類。

　　理解財產保險合同與人身保險合同的區別。

第四節　保險業法律制度

　　瞭解對保險業的主要監管制度，保險公司的設立條件及對保險公司的整頓與接管制度。

　　理解各項保險經營規則的內涵，保險代理人與保險經紀人的區別。

(九) 在「保險法」章中，考試大綱所列的基本要求

第一節　海商法概述

瞭解海商法的概念與性質。

理解海商法的適用範圍。

第二節　船舶與船員

瞭解船舶的概念，船長的職責。

熟悉船舶物權的各種類型及其相互之間的效力順序。

第三節　海上貨物運輸合同

瞭解海上貨物運輸合同的概念和種類。

理解海上貨物運輸合同的解除規則，承運人和託運人各自的責任。

熟悉提單的相關制度並能運用。

第四節　海上旅客運輸合同

瞭解海上旅客運輸合同的概念與特徵。

理解海上旅客運輸合同承運人責任的原理與具體規則並能運用。

第五節　船舶租用合同

瞭解船舶租用合同的概念與種類。

理解各種船舶租用合同中當事人的主要權利與義務。

第六節　船舶碰撞

瞭解船舶碰撞的概念及其構成要件。

理解船舶碰撞的賠償原則。

第七節　海難救助

瞭解海難救助的概念及其構成要件。

理解海難救助報酬的確定與承擔規則。

第八節　共同海損

瞭解共同海損的概念及其構成要件。

理解共同海損與單獨海損的區別，共同海損的理算規則。

第九節　海事賠償責任限制

瞭解海事賠償責任限制的概念。

理解海事賠償責任限制的條件與適用的債權。

第十節　海事訴訟特別程序

瞭解海事訴訟的概念。

理解海事訴訟程序方面的特別規定。

十四、民事訴訟法與仲裁制度

民事訴訟法與仲裁制度在 2007 年的大綱分成三十一章節：民事訴訟與民事訴訟法、民事訴訟法的基本原則與基本制度、主管與管轄、訴、當事人、訴訟代理人、民事證據、民事訴訟中的證明、期間、送達、法院調解、財產保全和先予執行、對妨害民事訴訟的強制措施、訴訟費用、普通程序、簡易程序、第二審程序、特別程序、審判監督程序、督促程序、公示催告程序、破產程序、民事裁判、執行程序、涉外民事訴訟程序、仲裁與仲裁法概述、仲裁委員會和仲裁協會、仲裁協定、仲裁程序、申請撤銷仲裁裁決、仲裁裁決的執行與不予執行、涉外仲裁。

▶**考點提示：**

訴訟法在大陸司法考試中的重要性，在刑事訴訟法的介紹中已有所論及，民事訴訟法與仲裁法的佔分比重在第三卷也相當的高，不過民事訴訟法中的涉及理論的問題較大，需要多花時間研讀，民事訴訟法在第四卷中的出題機率也偏高，值得考生投入更多的精力與時間在民事訴訟法與仲裁制度上。

▶**準備時間：**

訴訟法準備在考試計劃的第二階段中準備，也就是六月底、七月份的時候就必須要著手準備訴訟法的部份；建議考生訴訟法的準備過程中，可以儘早做考古題測試自己的實力，對於訴訟法部份的準備會有很大的助益。

(一) 在「民事訴訟與民事訴訟法」章中，考試大綱所列的基本要求。

　　瞭解民事糾紛、民事訴訟與民事訴訟法的概念、特點，以及中國大陸民事訴訟法的性質、任務和效力範圍。

　　理解民事訴訟法與相關法律部門之間的關係。

熟悉民事糾紛解決機制的相關原理並能夠運用。

(二) 在「民事訴訟法的基本原則與基本制度」章中，考試大綱所列的基本要求。

　　瞭解民事訴訟法基本原則與基本制度的含義與作用、知曉民事訴訟法所規定的基本原則與基本制度有哪些。

　　理解民事訴訟法各特有的基本原則和基本制度的基本內容。

　　熟悉民事訴訟法各特有的基本原則和基本制度在民事訴訟中的體現，並能具體舉例說明。

(三) 在「主管與管轄」章中，考試大綱所列的基本要求。

　　瞭解民事訴訟主管、民事訴訟各類管轄的概念、管轄權異議和管轄恒定的概念。

　　理解確定民事訴訟管轄的原則、民事訴訟法所規定的民事訴訟各類管轄的具體內容、不同類別管轄之間的關係。

　　熟悉各類管轄適用的條件，並能夠結合實踐情況運用。

(四) 在「訴」章中，考試大綱所列的基本要求。

　　瞭解訴的概念與特徵、反訴的特徵。

　　理解訴的要素、訴的種類、訴的合併與分離。

　　熟悉劃分訴的種類的標準、反訴的條件，並能夠結合實際確定反訴的構成。

(五) 在「當事人」章中，考試大綱所列的基本要求。

　　瞭解民事訴訟各類當事人的概念、特點。

　　理解司法解釋中對當事人地位確定的相關內容。

　　熟悉各類當事人在訴訟中的地位，並能夠結合實踐確定不同的民事主體在訴訟中的地位。

(六) 在「訴訟代理人」章中，考試大綱所列的基本要求。

　　瞭解訴訟代理人的概念與訴訟代理人的種類。

　　理解訴訟代理人的訴訟代理權的取得、訴訟代理權的許可權範圍、訴訟代理權消滅的情況。

　　熟悉訴訟代理人與當事人之間的關係。

(七) 在「民事證據」章中，考試大綱所列的基本要求。

　　瞭解民事證據的概念與特徵、證據保全的概念與適用的條件。

理解民事訴訟法規定的各種證據、理論上對證據進行劃分的標準。

熟悉各種證據的特點，並能結合實踐情況判斷某一材料屬於何種證據。

(八) 在「民事訴訟中的証明」章中，考試大綱所列的基本要求。

瞭解證據對象的概念與範圍、證明標準的概念和民事訴訟的證明標準。

理解司法解釋對舉證時限、證據交換的規定，質證的程序、證明責任的基本內容。

熟悉證明責任的分配，並能結合實踐情況運用證明責任制度。

(九) 在「期間、送達」章中，考試大綱所列的基本要求。

瞭解期間的概念、期間的種類、期間的耽誤和延展及送達方式。

理解期間的意義與送達的效力。

熟悉民事訴訟法規定的主要的訴訟期間。

(十) 在「法院調解」章中，考試大綱所列的基本要求。

瞭解法院調解的概念。

理解法院調解應當遵循的原則和為什麼某些案件不需要製作調解書。

熟悉調解協議與調解書及其效力。

(十一) 在「財產保全和先予執行」章中，考試大綱所列的基本要求。

瞭解財產保全和先予執行的概念與意義、財產保全的措施。

理解訴前保全、訴訟保全和先予執行的條件。

熟悉先予執行的適用範圍。

(十二) 在「對妨害民事訴訟的強制措施」章中，考試大綱所列的基本要求。

瞭解對妨害民事訴訟的強制措施的概念和性質、妨害民事訴訟行為的種類、對妨害民事訴訟強制措施的種類。

理解妨害民事訴訟行為的構成要件。

熟悉拘傳與拘留的適用。

(十三) 在「訴訟費用」章中，考試大綱所列的基本要求。

瞭解訴訟費用的概念與訴訟費用的種類、訴訟費用緩交、減交、免交及適用的情形。

理解訴訟費用的負擔原則與訴訟費用的負擔情形，注意對訴訟費用交納辦法的新的相關解釋。

(十四) 在「普通程序」章中，考試大綱所列的基本要求。

瞭解普通程序的概念、開庭審理前的準備、開庭審理。

理解起訴的條件、各種不予受理情形的規定、撤訴與缺席判決的條件、訴訟中止和終結的法定事由及法律效果。

熟悉起訴制度、一事不再理原則的內容、撤訴制度、缺席判決制度以及訴訟中止和訴訟終結制度並能加以運用。

(十五) 在「簡易程序」章中，考試大綱所列的基本要求。

　　瞭解簡易程序的概念、適用範圍、簡易程序的特點、簡易程序的調解、簡易程序的判決。

　　理解簡易程序與普通程序的關係、簡易程序的特殊規定。

　　熟悉有關簡易程序的特殊規定並能加以運用。

(十六) 在「第二審程序」章中，考試大綱所列的基本要求。

　　瞭解第二審程序的概念、上訴的提起、上訴的撤回、上訴審理的範圍、上訴審理的方式、上訴的裁判。

　　理解第二審程序與第一審程序的關係、上訴撤回的效果、上訴審理方式的特點、上訴裁判的幾種情形及效果。

　　熟悉關於上訴的條件、上訴審理的方式、上訴的裁判的規定並能加以運用。

(十七) 在「特別程序」章中，考試大綱所列的基本要求。

　　瞭解特別程序的適用範圍、各類適用特別程序的案件的審理程序。

　　理解特別程序的特點以及各類案件審理程序的特點。

(十八) 在「審判監督程序」章中，考試大綱所列的基本要求。

　　瞭解審判監督程序的概念，基於審判監督權提起的再審、申訴制度、抗訴制度、再審案件的審判程序。

　　理解審判監督程序的特點，再審提起與當事人申訴、檢察院抗訴的關係，申請再審和抗訴的理由。

　　熟悉再審提起的規定以及再審案件的審判程序並能加以運用。

(十九) 在「督促程序」章中，考試大綱所列的基本要求。

　　　瞭解督促程序的概念、適用的範圍，支付令的概念、內容、條件、對支付令的異議。

　　　理解督促程序的意義、督促程序的特點。

　　　熟悉關於適用督促程序和支付令的規定並能加以運用。

(二十) 在「公示催告程序」章中，考試大綱所列的基本要求。

　　　瞭解公示催告程序的概念、適用範圍、公示催告程序申請的提起和受理、公示催告程序案件的審理和裁判。

　　　理解公示催告程序的特點和公示催告程序案件的裁判及效果。

　　　熟悉公示催告程序的適用範圍和公示催告程序案件的審判程序，並能加以運用。

(二一) 在「破產程序」章中，考試大綱所列的基本要求。

　　　本章內容參見商法第五章：企業破產法。

※新增考點：

　　　「被執行人報告財產狀況」

　　　「限制出境」

　　　「徵信系統紀錄不履行義務信息」

　　　「媒體公佈不履行義務信息」

(二二) 在「民事裁判」章中，考試大綱所列的基本要求。

　　　瞭解裁判的種類、判決的概念、判決的種類、判決的內容、判決的效力、裁定的概念以及適用對象、決定的適用對象。

　　　理解判決與決定的差異、判決對人的約束力、判決對事的確定力。

熟悉判決效力制度並能加以運用。

(二三) 在「執行程序」章中，考試大綱所列的基本要求。

瞭解執行的意義、執行程序的特點、執行的原則、執行的一般規定、執行的開始、執行措施、執行中止和執行終結。

理解執行與審判的關係、申請執行與移送執行的關係、執行和解與訴訟調解的區別、執行擔保與執行和解的關係。

熟悉各種執行措施及實施程序、執行異議的程序及處理、執行中止和執行終結的規定，並能加以運用。

(二四) 在「涉外民事程序」章中，考試大綱所列的基本要求。

瞭解涉外民事訴訟的概念、涉外民事訴訟程序的一般原則、涉外民事訴訟的管轄、涉外民事訴訟中關於期間、財產保全和送達的特殊規定、一般司法協助和特殊司法協助（對外國法院判決的承認與執行）。

理解涉外民事訴訟程序與民事訴訟法的關係、涉外民事訴訟程序規定的特殊性。

熟悉涉外民事訴訟管轄和特殊司法協助的規定並能加以運用。

(二五) 在「仲裁與仲裁法概述」章中，考試大綱所列的基本要求。

瞭解仲裁的概念和特點、仲裁法的調整對象。

理解仲裁與司法的關係、仲裁作為解決糾紛的方式有什麼優勢。

(二六) 在「仲裁委員會和仲裁協會」章中，考試大綱所列的基本要求。

　　　瞭解仲裁機構和仲裁協會的性質、設立條件、組成。

　　　理解仲裁委員會與仲裁協會的關係、仲裁法與仲裁規則的區別與聯繫。

　　　熟悉仲裁規則的適用。

(二七) 在「仲裁協議」章中，考試大綱所列的基本要求。

　　　瞭解仲裁協定的概念、類型和內容。

　　　理解仲裁協定的作用、仲裁協定與合同的關係。

　　　熟悉法律和司法解釋中關於仲裁協議效力的規定，學會如何訂立仲裁協定，能夠認定仲裁協定的有效、無效和失效。

(二八) 在「仲裁程序」章中，考試大綱所列的基本要求。

　　　瞭解仲裁程序中的當事人、代理人、啟動程序、保全程序、仲裁組織、仲裁庭處理案件的方式、仲裁時效。

　　　理解仲裁當事人與代理人的關係、仲裁程序與訴訟程序的主要區別、通常程序與簡易程序的主要區別。

　　　熟悉仲裁程序的全過程，能夠適用仲裁程序的各種主要規定分析和解決問題。

(二九) 在「申請撤銷仲裁裁決」章中，考試大綱所列的基本要求。

　　　瞭解撤銷仲裁裁決的概念、條件和申請理由。

　　　理解撤銷仲裁裁決的制度意義。

　　　熟悉法律和司法解釋關於撤銷仲裁裁決的有關規定並能夠正確適用。

(三十) 在「仲裁裁決的執行與不予執行」章中，考試大綱所列的基本要求。

瞭解仲裁裁決的執行機構和方法、仲裁裁決執行程序的中止、終結和恢復。

理解仲裁裁決執行和不予執行的制度意義。

熟悉法律和司法解釋關於對仲裁裁決不予執行的相關規定並能夠正確適用。

(三一) 在「涉外仲裁」章中，考試大綱所列的基本要求。

瞭解涉外仲裁的概念、機構和仲裁過程。

理解涉外仲裁與普通仲裁的區別、對涉外仲裁的司法監督和執行。

熟悉涉外仲裁的主要程序並能夠適用。

2008 年大陸司法考試的內容變化

今年度的大綱做了大幅度的刪減，有近 20%的考點在 2008 年的大陸司法考試大綱中被刪除，可惜在真正拿到大陸司法考試大綱的時候才發現，被刪除的考點大部份都是過往不太重要的考點。所以實際上對考試的量影響並沒有太大。

第一卷的部份，法理學在 2008 年的大綱做的調整幅度有近 26 個考點的變化，不過主要還是章節編排的調整，所以實施的變化不大；憲法的情況與法理學接近，實際變化不大；讓人欣喜的是，法制史部份就真正刪除了考點；而經濟法的部份，大陸司法考試大綱中所做的調整主要都是針對今年的新修法所導致的大綱變化，可以說是「實質變更」，所以應特別注意，像是新增的

《反壟斷法》、《勞動合同法》等，都是新增考點中重要的變化。三國法（國際法、國際私法、國際經濟法）與司法制度和法律職業道德也主要是章程的調整，新增一些考點，變化不大。

刑法則是第二卷中變化相當大的一門科目，除了整個章節的安排做了大幅的調整外，也刪除了許多考點，一共刪除了 112 個考點，對考生來說應該是個好消息，不過可惜的是，刪除的考點不算是很重要。刑事訴訟法則是新增了 2 個考點，刪除了 28 個考點，也有做了考點的變更及章節的調整；行政法與行政訴訟法的變代也不太大，不過對於今年新增加的法律法規及司法解釋應予以注意。

第三卷的變化比較小，民法的變化主要在「所有權」一章；商法的變化也是考生引頸以盼的好消息，大幅度的刪除了不少的考點；民事訴訟法與仲裁制度部份則變化不太大。

總括而言，大綱中考點的總數量是有大幅度的減少的，增加的考點反而相較之下不多，也因此使得重點更為突出，對於第一次參加考試的臺灣考生而言，絕對是個正面的消息，因此，臺灣考生千萬不要認為反正過去也沒讀過大陸司法考試的書，大綱如何變化對自己並無太大的影響，對於考試的相關資訊的掌握、對考情的判斷絕對能讓考生事半功倍。

大陸司法考試的準備時間表

四月中旬　公佈臺灣居民可參加 2008 年的大陸司法考試

　　　　今年度的輔導用書還沒出來，如果很著急的話，可以先買舊的輔導用書作參考，先開始讀今年沒有修改的科目。

五　　月　快去買輔導用書

　　　　每年的四月至五月之間，會由法律出版社出 X X X X 年大陸司法考試輔導用書，共三本；還有法律匯編。

　　　　第一次準備考試的考生，在第一階段可以先讀憲法、民法、刑法及行政法與行政訴訟法。

六　　月　近年有了網路預報名的規定，所以到六月就要看一下中國司法部的網站 www.legalinfo.gov.cn

　　　　六月結束前必須完成第一階段的科目囉！

七　　月　正式報名的日子！

　　　　如果有打算要親自前往港澳或大陸報名的考生，可以順便買一些相關的大陸司法考試的書，七月的時候是各家書局已經改版完工的日子了。

　　　　這時候該準備第二階段的讀書計劃了：民事訴訟法、刑事訴訟法、商法、經濟法等科目。

八　　月　僅剩下一個半月就到考試的日子了！

　　　　建議可將第一、二階段準備的科目，做一次題目先測驗一下。

　　　　針對沒有掌握到的考點，再複習一遍。

接下來就要進入最後階段了，把剩下的科目緊緊的記住吧！

九　　月　九月中旬就是考試的日子了！

進入九月份，所剩的 10 天時間只能將各科再重新複習一遍，此時已不適合再做題目了，以免影響士氣。

最後三天，千萬不要再唸沒有唸過的考點，要通過大陸司法考試的關鍵是在記住了多少，而不是唸了多少，最後才唸到的只會徒添傷感而已。

十一月　考試結果會在 11 月份公佈。

大陸司法考試是一門放棄的藝術

準備大陸司法考試究竟應該如何準備？面對近三萬條的法條，以及二千餘頁的輔導用書，真的能夠在不足六個月的時間內完成嗎？所有考過大陸司法考試的考生都會告訴你，讀所有的法條是不理智的一種考試策略。

事實上，大陸司法考試的範圍雖然多，但是每年會考的考點，變化卻不會很大，因為重要的考點每年都還是要考，改變的出題的考察方式，而不是考點本身。這也是為什麼坊間的補習班一再的推出大陸司法考試考點精要、舉點、必讀等等相關的書，就是為了要找出最符合考試報酬率的考點所在。

從本書中所列的大陸司法考試的準備時間表中，第一階段準備的科目為憲法、民法、刑法、行政法與行政訴訟法，除了憲法以外，其他三門都是大陸司法考試中的佔分比例非常高的「大法」，對於「大法」理所當然的也就應該投入更多的時間在準

備，所以這幾門科目建議可以讀的仔細一些，因為幾乎大部份的章節都會有考點，而且對於有理論基礎的科目，只針對性的讀重點、要點，有可能無法有效的掌握整個理論的脈絡，所以還是以輔導用書的內容為宜。

不過對於第二階段、第三階段的訴訟法、商法、經濟法、三國法等科目，就有必須視時間的充裕來決定準備的範圍了，理論上，今年第一次報考大陸司法考試的臺灣考生，時間上的充裕似乎是不可能的，因此，在時間不足的情況下，以整理過後的參考書作為這些科目的用書，是比較合乎效益的。

在讀書的時候，要對某些科目視而不見是很困難的，大家都會認為讀的越全面越有通過的勝算，事實上，就算有時間足夠準備大陸司法考試中的所有科目，也沒有辦法緊緊記住所有的考點，在與遺忘競賽的考試中，最優的策略是有目標的緊記著出題可能性高的考點，也惟有如此，才有希望在六個月通過大陸的「中國第一考」的大陸司法考試。

切莫忽視考古題的重要性

許多考生在初次準備大陸司法考試的時候，或許是時間不足，又或是怕打擊信心之故，總是遲遲不做考古題。等到第一次做考古題的時候，大約已經是八月底的時間了，距離考試已不足一個月，那時候做了考古題又有什麼助益呢？

在大陸司法考試的準備時間表中，八月份就必須為複習過的科目做一次考古題了，更好的方式是一邊複習一邊做考古題，才能有效的掌握到自己在學習的盲目，否則一直的讀書也不會得到分數的。

考古題除了讓考生了解自己不足之處以外，更重要的是透露了過去出題者的思考方式，讓考生了解考點的所在，這比盲目的讀輔助用書或法條，更能清楚的掌握考點。

不過到了在最後的的一個月，就實在不建議大家做考古題了，剩下一個月的時間，考生的實力已不會再大幅的加強，而且做了考古題也會容易讓考生失望，對考試實在是百害而無一利。

注意當年度公佈的新法

大陸司法考試大綱和教材每年都會根據現行的法律等有些變化與修正，而這些變化的也就正是考試中的「熱門考點」，就算在準備臺灣的律師考試一樣，當年度的新法、或權威學者的大著改版的修正部份，也都是考試的重點所在，所以每一年的新法、大綱修改的部份都值得考生花時間研讀。

對於新考點的掌握，建議考生可以買大陸司法考試的大綱來看，也有補習班做好的有關大綱變化的參考書等，另外，對於有意願要參加大陸司法考試的考生，上司法部的網站或是補習班的網站，都是收集新資訊的方式，讓自己融入準備考試的狀態，就是必須保持資訊的正確性。

去年的大陸司法考試的新考點是在於物權法、企業破產法、合伙企業法、城市房地產管理條例等，雖然已經是去年的新修法，不過今年還是值得多注意。另外，今年的值得注意的新修法規：反壟斷法、民事訴訟法、勞動合同法、勞動爭議調解仲裁法、企業所得稅法實施條例、個人所得稅法實施條例、民事訴訟法等都是值得關注的法規。

需要參加補習班嗎？

　　準備過臺灣律師考試的考生，也許大多數都有掙扎過要不要參加補習班的心情；如今，在面臨第一次的大陸司法考試的時候，相信也有同樣的疑問，究竟該不該參加補習班呢？參加了補習班有沒有助益？

　　大陸司法考試的補習班課程安排的型態，與臺灣的有些不同，一般都在近四月份才開始開課，比較全面的課程一般要上三、四個月，就是所謂的「脫產班」，意思是參加的考生會在這段時間內，全天都要上課，有的班更會安排在有住宿的地方，好比我們大學聯考的衝刺班的模式。

　　不過，由於今年是第一屆臺灣居民報考大陸司法考試，實際上剩下的準備時間已不足五個月，如果要參加補習班的話，實際上要花掉不少的時間，而且目前臺灣尚未有大陸國家考試的補習班，如果有意參加的考生，可以考慮選擇有網路授課課程或函授課程的補習班。建議考生在報名補習班前，最好能先試聽一下授課老師的「國語」是否能聽的懂，畢竟有許多補習班老師的口音較重，對臺灣考生而言，聽起課來難免會有點吃力。

論述題的準備方式

　　大陸考生對第四卷的題型稱「主觀題」，也就是我們所熟悉的論述題，主要針對前三卷的大科目出題，像刑法、民法、刑事訴訟法、民事訴訟法、公司法、行政法與行政訴訟法等，會以案例題或是申論題的形式出題，另外還有可能會考到司法文書的部

份，如起訴狀、答辯狀、上訴狀、判決書等文書的撰寫，所以對於大陸考生而言，一般皆認為第四卷很難準備，因此也有說法認為，第四卷的成績主要就是看考生前三卷的實力如何了。

不過，對臺灣的考生而言，原本就已經熟悉了論述題的出題方式，在準備第四卷的時候，似乎應該較為得心應手的吧！事實上，今年度開始準備大陸司法考試的時間，已剩下不到半年，事實上考生把讀書重心放在各科目的準備上，若能熟讀科目的知識點、考點，對於第四卷的回答應該不會有文字組織能力的問題，也就是說，你的實力多少大概就能在第四卷發揮多少吧！

在拿到準考証的時候，大家會發覺第四卷有一個比較特殊的要求，就是要準備鋼筆，如果不知道的話大家在報名的時候記得要跟考務人員問清楚。

最後，大概在考前的半個月左右，大陸的考生就會在大陸司法考試的討論區中熱烈的討論本年度會不會考司法文書，司法文書並不是每年都會出題，對於沒有實務經驗，沒有真正寫過司法文書的考生來說，要記著文書中的每一項要求，難免會有所遺漏，最好的準備方式，不是去記各個文書要寫那些東西、各文書間又有什麼不一樣，就算記的再清楚，在實戰中還是要掉一些分數的，建議大家自己動手去想想如判決書，究竟法官該怎麼寫，實際重頭寫一篇，就能大概的記著了，也就能拿到該題 80%左右的分數了吧。

第 3 章　應戰大陸司法考試

選擇在那裡考試？

今年度中國大陸司法考試開放臺灣居民報考，不過具體的報名細節等資訊皆還沒有公佈，不過若比照港澳居民的規定，依司法部的公佈這項消息的記者會上表示針對居住海外和臺灣的民眾，大陸司法部將選擇合適的口岸城市，專門設立報名點和考點，在這些地方組織報名和考試。具體的報名時間地點、考試的時間地點，我們將在今年大陸司法考試的公告當中予以及時公告。所以臺灣的考生可選擇的考點極有可能會有港澳地區、或是一些主要的大城市等，像港澳的考生如果能提出在報考地區工作、或是學習的証明，就可以在當地報考當年的大陸司法考試。

雖然目前尚不知司法部將公佈的可予臺灣考生報考的地點，不過建議考生可選擇港澳地區作為考試地點，雖然港澳地區的報名費用稍微高於內地的考點（據悉，香港地區考點的費用約為二千元港幣，澳門地區考點的費用約為八佰元澳門幣，而內地如珠海等地區約為三佰元人民幣），但是在交通的便利性上可能會較好掌握。在大陸內地報考大陸司法考試，以北京為例就有數十個地點，多為中小學等教室中舉辦，至於被分配到那一個考場，是由主辦單位分配的，所以有些考場附近未必有合適的飯店旅館，

如果住的地方距離考場較遠，則可能在早上的交通上需要多費些時間了。

不過對於第一次考試純粹想考個經驗的考生而言，選擇內地城市作為考點，的確也是個很好的感受機會，也可以選擇風景怡人的城市在考試結束順道在當地旅遊，也是一舉兩得的好辦法。

實戰現場的小技巧

——保持第二天的戰鬥力

大陸司法考試的時間為九月中旬的周末，考試時間為六、日兩天，第一天為早上的 8:30～11:30、下午的 2:00～5:00，第二天為早上的 8:30～11:30、下午的 2:00～5:30，前三卷的考試時間為 180 分鐘、最後一卷（第四卷）的時間為 210 分鐘。

前三卷為選擇題，所有時間基本尚算充裕，應該足夠考生寫完考卷及再檢查一篇的，如果太好做的完的話，似乎就有點不妙，或許是有些題目中要思考的地方考生沒有注意到了，考生必須對此有所認知。

雖然前三卷為選擇題，不過考完第一天以後，對身心的消耗還是蠻大的，有些體力較差的考生，在第四卷的時候就有身體不適的狀況了。事實上，考完第一天的二卷，因為精神處於緊張的狀態，所以第一天考完後雖然才五點鐘，但若仍要認真準備第二天的考試的話，體能很容易吃不消，所以第一天考完以後，最好能放鬆心情的準備第二天的考試，反而能有更好的效果。

第一頁的題目總是最難的

當大家踏進考場，深呼吸打開考卷的時候，別壞疑，在考場內有百分之八十的考生心情跟你是一樣的：「這題目怎麼這麼奇怪？為什麼跟考古題的題目看起來都不太一樣？」

事實上，根據大多數考生的實戰經驗，第一頁的考題不知道為什麼總是讓大家覺得是最難的，這固然有大部份屬於心理因素，不過也有大陸考生認為出題者有意給大家一個「下馬威」，所以會把比較概念性的、比較冷僻的題目放在第一頁的題目中，姑勿論這是不是實情，不過至少在此先為大家打一記預防針，在考試的時候如果真的遇到第一頁的題目太難，也不需要慌張，畢竟第一頁的題目再怎麼算都不過是單項選擇題，每題也不過就一分而已。只是如果翻開考卷第一頁的題目就不會寫的話，似乎對考試的心情總是有些影響，考生如果真的有這顧慮的話，也可以就考慮直接跳過第一頁的考題，先從第二頁或第三頁開始做答，最後再反過來寫第一頁的題目，也是個不錯的辦法。

順帶一提，大陸司法考試答錯不倒扣分，所以無論如何，當然必須選一個答案；另一個許多考生都有遇過的經驗是，在第一遍做題目的時候寫的答案與做完以後檢查答案時所想的答案不一樣，所以又再改答案的情況，據說（大陸的補習班老師）大多數的情況下都會改成錯誤的答案，考生可自行參酌。

第 4 章　大陸律師業前景展望

投考大陸律師之前景與展望
——從臺商對臺籍律師的迫切需求談起

　　有鑑於已有超過百萬臺商在大陸經營事業，隨著中國大陸政府正式承認臺灣學歷，也將有不少在學校的臺灣同學畢業後，非常有機會到大陸擔任企業經理人，這個族群只會越來越大，在不熟悉大陸法律狀況下，又迷信中國做生意一定要靠「關係」，其實有「關係」，真的一旦發生事情時，就沒關係嗎？

　　不過，根據筆者經驗，許多誇稱自己在中國關係多好的臺商，包括認為中國的法律只是擺飾、並自誇到機場可以請公安直接派車開道登機，不用在候機室等的特權臺商，最後一旦遇到事情時，尤其是觸犯稅務等中國刑法規定的經濟犯罪後，他所迷信的「關係」，一夕之間，完全崩盤，原本很輕易隨時可以找到的中國黨政高官，到事情爆發時，都突然避不見面，為什麼會這樣呢？

　　那是因為中國的法律，在平常臺商不觸犯時，的確是擺在旁邊的，但一旦你觸犯了，並且遭到檢舉告發，那這時中國的法律，就變成清算違法臺商一切違法罪證的最好工具，所以，有「關係」就沒關係，這是只沒有事情的時候，或者只是發生類似需要警車開道的小事時，但一旦發生事情，關係就再也沒有任何

作用，面對迷信關係的臺商的，只是中國冰冷的法律，所以，不管到任何地方做生意、工作，最起碼要遵守當地法律，就是臺商保護自己的最好武器。畢竟臺商在大陸所面對各種經營風險相當大，近年時有聽聞不少事業有成的臺商，因陷入經濟犯罪陷阱，而被判入獄，造成這些悲劇發生的一個重要原因，就在於他們不懂得對經濟犯罪風險約有效防範，對大陸法律狀況沒有基礎認識，根據中國大陸新刑法的規定，主要涉及企業經理人的經濟犯罪風險就有 70 種，而大多數經理人並不知道這些犯罪規定和具體罪名。有不少臺商，都是不明所以、糊塗誤觸大陸經濟犯罪風險，因此，近日中國大陸開放臺灣人考大陸律師執照，其實有其必要性，因為越來越多的臺商需要有「可以站在委託方立場做法律思考的臺灣籍專業律師」為其做服務，這個市場其實是十分龐大的。

尤其涉及刑法層面的部分，沒有中國律師執照或資格的臺灣籍律師，是不能以律師身份代理當事人的，因此臺灣人考中國大陸律師更有其必要，本書以下也將介紹臺灣人在大陸涉及刑法遭判刑的案例，若是他們可以有臺灣籍具備中國大陸律師執照的臺籍律師為其做辯護，其判決結果可能會有完全不同的發展，這也是所有有志於投考中國大陸律師的朋友們，可以藉由閱讀下面的大陸法院案例，為自己發下未來可以投入服務臺商的宏願。

臺商大陸遭判刑的實際案例：

虛報註冊資本

（違反中國刑法第 158 條，以下各項犯罪直接簡稱「刑法第 XX 條」）

申請公司登記使用虛假證明檔或者採取其他欺詐手段虛報註冊資本，欺騙公司登記主管部門，取得公司登記，涉嫌下列情形之一的，應予追訴：

1、 實繳註冊資本不足法定註冊資本最低限額，有限責任公司虛報數額占法定最低限額的百分之六十以上，股份有限公司虛報數額占法定最低限額的百分之三十以上的；

2、 實繳註冊資本達到法定最低限額，但仍虛報註冊資本，有限責任公司虛報數額在一百萬元人民幣（以下提及金額，幣值單位皆為人民幣）以上，股份有限公司虛報數額在一千萬元以上的；

3、 虛報註冊資本給投資者或者其他債權人造成的直接經濟損失累計數額在十萬元以上的；

4、 雖未達到上述數額標準，但具有下列情形之一的；

(1) 因虛報註冊資本，受過行政處罰二次以上，又虛報註冊資本的；

(2) 向公司登記主管人員行賄或者註冊後進行違法活動的。

實戰案例：

> 　　被告人職 XX，男，臺灣省新竹人，1959 年 3 月 3 日出
> 生。1997 年 12 月被捕。
>
> 　　被告人章 XX，女，河南省蔚州人，1972 年 3 月 29 日出
> 生。1997 年 12 月被捕。
>
> 1996 年 10 月，職 XX、張 XX 在申請河南托日實業有限公司
> 登記過程中，使用偽造的銀行進帳單和虛假的驗資證明，虛
> 報註冊資本 1200 萬元人民幣，欺騙公司登記主管部門，取得
> 了河南托日實業有限公司的公司登記。法院認為，職 XX、張
> XX 為申請公司登記，虛報註冊資本，數額較大，其行為均構
> 成虛報註冊資本罪。依照刑法第 158 條，第 25 條第一款，第
> 72 條的規定，對職 XX、張 XX 被分別判處拘役 6 個月，緩刑
> 1 年，並處罰金 12 萬元。

評註：

　　《中華人民共和國刑法》158 條規定，申請公司登記使用虛假證
明文件或者採取其他欺詐手段虛報註冊資本，欺騙公司登記主管部
門，取得公司登記，虛報註冊資本數額巨大、後果嚴重或者有其他
嚴重情節的，處三年以下有期徒刑或者拘役，並處或者單處虛報註
冊資本金額百分之一以上百分之五以下罰金。

　　「虛報註冊資本」，與臺灣一般辦理公司登記的過程相比較，
臺商在中國大陸很容易觸犯這項罪名。一般而言，在臺灣辦理公司
登記事項，經常委由代書、工商登記代理人、會計師代辦，公司登
記資本額，在經由銀行出示存款證明之後，除非是面市公司或者證
券商、旅行社等政府管理較為嚴格的事業，否則所謂「註冊資本」

大都只是表面帳目而已，臺灣對此管理較為寬鬆。但在大陸「假資金證明，真公司營運」，除了違反大陸公司法的規定外，《中華人民共和國刑法》（之後簡稱《刑法》）第 158 條也明文規定「申請公司登記使用虛假檔或者採取其他詐欺手段虛報註冊資本，欺騙公司登記領導部門，取得公司登記」等對公司直接領導人員判處三年以下徒刑，而且企業單位要處 5%以下，1%以上的註冊資本額罰金。中國大陸對此的立法理由是虛假註冊的公司會擾亂市場經濟，而虛設註冊登記資本，無法真正承擔風險責任。

提供虛假財會報告
（中國刑法第 161 條）

公司向股東和社會公眾提供虛假的或者隱瞞重要事實的財務會計報告，涉嫌下列情形之一的，應予追訴：

1、 造成股東或者其他人直接經濟損失數額在五十萬元以上的；
2、 致使股票被取消上市資格或者交易被迫停牌的。

實戰案例：

> 吳某，男，1933 年 9 月 27 日出生，臺灣金門人。原係廈門某股份有限公司董事長，法定代表人。2000 年 6 月 23 日因涉嫌公司、企業人員受賄罪被逮捕。
> 陳某，男，1935 年 4 月 8 日出生，福建廈門人。原係廈門某股份有限公司副董事長。2000 年 11 月因涉嫌挪用資金罪和公司、企業人員受賄罪被逮捕。
> 廈門某股份有限公司系上市股份有限公司，其股票於 1996 年 12 月 18 日在深圳證券交易所正式掛牌交易，為了取得配股權，公司在達不到連續三年年利潤率 10%配股要求的情況下，

召開董事會，覺得採取虛增利潤的方法取得配權，嗣後，由公司董事長、法定代表人吳某全面負責此事，公司分管證券的副董事長陳某負責具體操作，對公司下屬的太平洋船隊、貝勞船隊、遠洋二隊、經營部、漁業燃料供應部和能達網廠等企業的利潤情況進行摸底後，佈置相關企業必須完成虛增利潤的指標，再由各相關企業通過虛開發票、人為提高燃料售價、將進口應退餘款回合在實際的出口業務中等多種手段，在1996年至1998年間共虛增上市公司利潤106,623,235.64元，致使公司股票於2000年5月9日被深圳證券交易所實施特別處理並強制停牌一天。

　　法院在查明事實的基礎上根據《刑法》第161條的規定，判決如下：被告吳某犯提供虛假財會報告罪，判出有期徒刑1年，並處罰金人民幣2萬元。被告陳某提供虛假財會報告罪，判出有期徒刑1年，並處罰金人民幣2萬元。

評註：

　　在本案中，臺灣被告的辯護人曾提出被告人提供虛假財會報告的行為並未造成嚴重後果，要求量刑時從輕處罰，從《刑法》第161條規定和《最高人民檢察院公安部關於經濟犯罪案件追訴標準的規定》都可以看到提供虛假財會報告行為，只有嚴重損害股東或者其他人的利益時才構成犯罪。因而在實務上，法院對於該罪名成立的認定通常也是以是否嚴重損害股東或者其他人的利益為判定標準。「嚴重損害股東或者其他人的利益」究竟是結果犯還是實行犯，其理解在中國刑法學界學理上目前仍存在著很大的爭議。大多數學者認為是行為人所實施的行為具備了造成嚴重損害的可能，則構成本罪，並不一定需要已經出現損害性後果。本案的最後判決在一定程度上採用了這種觀念。

擅自設立金融機構

（中國刑法第 174 條第 1 款）

　　未經中國人民銀行等國家有關主管部門批准，擅自設立金融機構，涉嫌下列情形之一的，應予追訴：

1、 擅自設立商業銀行、證券、期貨、保險機構及其他金融機構的；
2、 擅自設立商業銀行、證券、期貨、保險機構及其他金融機構籌備組織的。

案情：

　　被告人曹某某，女，58 歲，臺灣新竹人，1989 年因涉嫌擅自設立金融機構罪被逮捕。

　　被告人周某某，男，58 歲，福建莆田人，1989 年因涉嫌擅自設立金融機構罪被逮捕。

1985 年 9 月，被告人曹某某借回大陸探親之際，為了牟取暴利，夥同福建親戚周某某共同組織所謂的「民間金融互助會」，曹充任會主。被告採用先由會員向會主交納一筆大額會費，然後由會主分期返還會員和先由會主付給會員一筆大額會款，然後有會員分期返還會主兩種非法經營方式，利用多收少付的差額，從中牟取暴利，其他會員則利用所得會款放高利貸而非法獲利。該會以發展新會員、收取會員會款作為周轉資金，將後收取的會費付給先入會的會員，以此作為誘餌擴大規模。共收取會費 130 萬元，支付 104 萬元，收支差額 26 萬，其中大部分差額款項用做曹、周的揮霍。破案後，在對會款的收支、借出等情況進行清查後，曹、周造成了 21 萬餘元的實際損失。1986 年 3 月 23 日，曹、周畏罪潛逃。同

年 4 月 30 日，周某某在上海市黃浦區公安機關自首，同年 7 月 6 日，曹某某在江蘇金壇縣被捕。法院經審理認為，曹某某、周某某為了牟取非法暴利，未經國家有關金融機關批准，擅自設立所謂「民間金融互助會」，作為其獲取非法融資的手段和機構，其行為違反了國家金融管理法規，破壞了國家金融管理秩序，對社會和國家利益具有嚴重的危害性，應當依法予以嚴懲。

評註：

　　本罪的理解有如下幾點：首先，犯罪嫌疑人主觀上表現為直接故意。即犯罪嫌疑人明知設立商業銀行等金融機構需要經過國家有關主管部門的批准，自己沒有申請審批或者沒有獲得批准就擅自設立商業銀行等金融機構。其次除了刑法第 174 條所規定的「設立商業銀行、證券交易所、期貨交易所、證券公司、期貨經紀公司、保險公司或者其他金融機構的行為」，還包括未經中國人民銀行批准，擅自設立從事或者主要從事吸收存款、發放貸款、辦理結算、票據貼現、資金拆借、信託投資、金融租賃、融資擔保、外匯買賣等金融業務活動的非法金融機構及其籌備組織和為經中國人民銀行批准，擅自設立外資金融機構的。這些行為只要實施就夠構成犯罪，不論贏利與否。此罪名易與刑法第 176 條的非法吸收公眾存款罪混淆，它們的主要區別在於客觀方面表現不同：前者在客觀方面表現為未經國家有關部門批准，擅自設立商業銀行等金融機構的行為；後者在客觀方面表現為非法吸收公眾存款或者變相吸收公眾存款，擾亂金融秩序的行為。如果犯罪嫌疑人擅自設立金融機構的目的是為了非法吸收公眾存款並且實施了非法吸收公眾存款的行為的，這種情況屬於牽連犯罪，應擇一重罪從中處罰。

非法吸收公眾存款

（中國刑法第 176 條）

　　非法吸收公眾存款或者變相吸收公眾存款，擾亂金融秩序，涉嫌下列情形之一的，應予追訴：

1、　個人非法吸收或者變相吸收公眾存款，數額在二十萬元以上的，單位非法吸收或者變相吸收公眾存款，數額在一百萬元以上的；

2、　個人非法吸收或者變相吸收公眾存款三十戶以上的，單位非法吸收或者變相吸收公眾存款一百五十戶以上的；

3、　個人非法吸收或者變相吸收公眾存款，給存款人造成直接經濟損失數額在十萬元以上的，單位非法吸收或者變相吸收公眾存款，給存款人造成直接經濟損失數額五十萬元以上的。

案情：

被告人：蔡立新，臺灣人，56 歲，男。1995 年 4 月 21 日被逮捕因涉嫌非法吸收公眾存款罪。被告泉州市僑鄉典當行原係泉州僑鄉典當拍賣行，法定代表人蔡立新，雖被准予經營金融業務，但屬於不具有向社會吸收存款，貸款資格的法人單位。被告人蔡立新在任職期間，為發展經營業務，於 1995 年 7 月到 1996 年 4 月擅自向社會上張某某，徐某某等 60 多人吸收存款 219 萬元。被告人蔡立新於 1995 年 3 月到 11 月期間利用擔任僑鄉典當行拍賣行經理之職務便利，以該行的名義，分別以千分之二十五，千分之二十，千分之五等不同的月利率，向吳某，黃某，等人吸收存款 73 萬元。法院經審理判決：蔡立新犯非法吸收公眾存款罪，判處有期徒刑 1 年，緩刑 1 年，並處罰金 2 萬元。

評註：

　　非法吸收公眾存款罪，指違反國家金融管理法規，在社會上吸收不特定眾多人的資金的行為。非法吸收公眾存款罪包括兩種情況：一是行為人不具有吸收存款的主體資格而吸收公眾存款，二是行為人雖然具有吸收公眾存款的主體資格，但採用非法的方式吸收公眾存款。構成本罪首先要求對象是公眾，即人數眾多並且屬於社會上不特定的群體，另外，存款數額或者可能吸收的存款數額巨大。如果僅限於親朋好友之間或者本單位的人員，不以犯罪論。

集資詐騙

（中國刑法第 192 條）

　　以非法佔有為目的，使用詐騙方法非法集資，涉嫌下列情形之一的，應予追訴：

1、 個人集資詐騙，數額在十萬元以上的；
2、 單位集資詐騙，數額在五十萬元以上的。

案情：

　　被告人曹予飛，男，臺灣省人。
1997 年 4 月至 1998 年 7 月間，曹予飛先後以新亞東投資諮詢公司、山東中慧期貨經紀有限公司、北京營業部和新國大期貨經紀有限公司的名義，以代理期貨交易為手段，以高額回報為誘餌，在北京進行集資詐騙活動，一年內騙取 3000 餘名客戶 5 億餘元人民幣，並通過隱秘途徑將大部分資金轉移境外，造成 3 億餘元無法追回。2000 年 3 月，北京市第二中級法院以集資詐騙罪分別判處主犯曹予飛死刑。

評註：

　　集資詐騙罪是以非法佔有為目的、使用詐騙方法、向社會不特定對象的集資活動。按《刑法》 第 192 條對本案以公司的名義、代理期貨交易為手段、以高額回報為誘餌，進行集資詐騙進行定罪。但在對個人處以死刑的量刑，則是根據「數額特別巨大，並使大部分資金轉移境外，造成 3 億餘元無法追回的特別嚴重情節」的事實，按《刑法》 第 199 條「犯本節第 192 條規定之罪，數額特別巨大並且給國家和人民利益造成特別重大損失的，處無期徒刑或者死刑 ，並處沒收財產」和全國人大常委會《關於懲治破壞金融秩序犯罪的決定》（中華人民共和國主席令第五十二號 自 1995 年 6 月 30 日起施行）的第八條第一款「數額特別巨大或者有其他特別嚴重情節的，處十年以上有期徒刑、無期徒刑或者死刑，並處沒收財產」，以及第二款「單位犯前款罪的，對單位判處罰金，並對直接負責的主管人員和其他直接責任人員，依照前款的規定處罰」來量刑的。

信用卡詐騙案

（刑法第 196 條）

　　進行信用卡詐騙活動，涉嫌下列情形之一的，應予追訴：

1、 使用偽造的信用卡，或者使用作廢的信用卡，或者冒用他人信用卡，進行詐騙活動，數額在五千元以上的；

2、 惡意透支，數額在五千元以上的。

案情：

> 　　被告人鄭正山，男，臺灣省人，早年畢業於美國加州大學電腦專業，曾於 2002 年 8 月 5 日因犯信用卡詐騙罪被海南省三亞市中級人民法院判處有期徒刑二年又六個月，2004 年 3 月 28 日釋放。
>
> 2004 年 7 月至 8 月，鄭正山為了實施信用卡詐騙活動，夥同或指使他人並由其出資先後在重慶、西安等地用偽造的身份證設立了多家服裝店、工藝品店，並為上述商店向中國銀行申請設立了基本帳戶和用於國際信用卡交易的特約商戶終端機（「POS 機」）。而後，鄭正山利用先前通過國際不法分子獲取的一些國際信用卡資訊，偽造了多張國際信用卡。然後在並無貨物實際交易的情況下，用偽造的國際信用卡在上述 POS 機上多次刷卡，偽造交易，從中國銀行多次騙取交易結算款，共計人民幣 152 萬餘元。陝西高院認為，鄭正山分別與他人勾結，以非法佔有為目的，以開辦商店為幌子申請為國際信用卡交易特約商戶，進而偽造信用卡並使用偽造的信用卡刷卡，製造虛假交易，從而騙取用戶或發卡中心或收單行的資金，數額特別巨大，嚴重損害了信用卡的管理制度以及他人財產的所有權，其行為均已構成信用卡詐騙罪。在共同犯罪中，鄭正山起組織、策劃、領導作用，系主犯，且系累犯，應從重處罰，判處鄭正山有期徒刑十二年，並處罰金 10 萬元。

評註：

　　信用卡詐騙罪，是指以非法佔有為目的，違反信用卡管理法規，利用信用卡進行詐騙活動，騙取財物數額較大的行為。本罪所侵害的客體是複雜客體，既對國家有關的金融票證管理制度，又是信用卡的管理制度造成侵害，同時也給銀行以及信用卡的有關關係人的公私財物所有權產生損害。信用卡詐騙罪客觀上表現為使用偽造、變造的信用卡，或者冒用他人信用卡，或者利用信用卡惡意透支，詐騙公私財物，數額較大的行為。所謂使用，包括用信用卡購買商品、在銀行或者自動提款機上領取現金以及接受信用卡進行支付、結算的各種服務；這裏「偽造的信用卡」是指刑法第 177 條規定，即使用各種非法方式製造的信用卡。本罪在主觀上只能由故意構成，並且必須具有非法佔有公私財物的目的。關於偽造信用卡並使用偽造的信用卡詐騙行為的定義，偽造信用卡的行為按照刑法第 177 條規定，構成偽造、變造金融票證罪，而使用偽造的信用卡的行為構成信用卡詐騙罪，兩者之間存在牽連關係，應當以一重罪從重處罰。由於兩罪的法定刑相同，以牽連犯中的結果行為即以信用卡詐騙罪論處。（曲伶俐：《刑事案件研究與實務》）

偷稅案

（刑法第 201 條）

　　納稅人進行偷稅活動，涉嫌下列情形之一的，應予追訴：

1、　偷稅數額在一萬元以上，並且偷稅數額占各稅種應納稅總額的百分之十以上的；

2、　雖未達到上述數額標準，但因偷稅受過行政處罰二次以上，又偷稅的。

案情 1：

> 　　黃仁傑，臺灣省金門縣人，現年 49 歲，廈門湖裏新禾盛貿易商行總經理。
> 黃仁傑在任廈門湖裏新禾盛貿易商行總經理期間多次指使下屬逃脫納稅。據國稅稽查部門的調查結果顯示，從 1996 年 12 月到 2003 年 3 月期間，新禾盛貿易商行共取得含稅銷售收入 13750 多萬元，而商行同期向稅務機關申報的不含稅銷售收入卻只有 2295 萬多元，商行少報的不含稅銷售收入竟高達 9459 萬多元，涉嫌偷稅 1130 萬多元。在 2003 年 1 到 3 月份，新禾盛貿易商行申報繳納的稅額是 17891.07 元，而商行偷稅的金額是 269395.47 元，偷稅比例為 93.77%。在 2000 年，商行申報繳納的稅額是 49975.45 元，偷稅的金額卻高達 2555319.19 元，偷稅比例 98.08%。湖裏區公訴機關認為，被告單位新禾盛貿易商行違法國家稅收法規，採用隱瞞收入不申報的手段，偷逃增值稅 11301709.73 元，而且占應納稅額的 98.08%；被告人黃仁傑是對該公司偷稅直接負責的主管人員，被告單位及被告人的行為都已經觸犯《中華人民共和國刑法》第 201 條第一款、第三款，第 211 條的規定，應以偷稅罪追究他們的刑事責任。為此，湖裏區人民檢察院向湖裏區人民法院提起公訴。2005 年 7 月 2 日，黃仁傑被廈門市公安機關刑事拘留。8 月 3 日，經檢察機關批准，黃仁傑被執行逮捕。

案情 2：

被告人施爭輝，男，香港人，53 歲，香港耀科國際（控股）有限公司董事會主席兼總經理。

被告人施爭輝收購了多家國內通訊器材經銷企業，操縱、指使這些公司大量偷逃國家稅款。廣東省國稅稽查局和公安部門於 2002 年 1 月 11 日在廣州、佛山等地採取聯合行動，對與施爭輝關係密切的幾家企業同時進行突擊稅務檢查，調取了普耀公司、新領域公司、天賦公司、星輝行、華耀公司等五家相關企業的帳冊，查獲了其設在廣州市錦城花園一住宅內的地下財務部，同時凍結銀行存款 700 多萬元，扣押小汽車 7 輛及電腦等財物一批。並先後抓獲了該案的主要犯罪嫌疑人施爭輝、寧德建、江少麗等 9 人。經查實，施爭輝以收購、出資、合資等形式，在國內操縱廣東佛山新領域、天賦等公司，採用內外兩套帳、銷售收入不開發票、銷售資金通過私人帳戶走帳等手法，大量偷逃國家稅款。廣東省國稅部門經查實認定：新領域公司在 1999 年 1 月至 2001 年 12 月期間，採取設立帳外帳、隱瞞銷售收入的方法虛報銷售收入總額達 3.04 億元，偷增值稅 5171.89 萬元。廣東省國稅部門對新領域公司作出如下稅務處理和行政處罰決定：依法追繳所偷增值稅 5171.89 萬元，加收滯納金 356.86 萬元，並處以罰款 2585.95 元，補稅、滯納金、罰款合計 8114.70 萬元。廣東省地稅部門追繳新領域公司企業所得稅、個人所得稅、營業稅和城市維護建設稅合計 5300 萬元，加收滯納金及罰款合計 3800 萬元，補稅、加收滯納金及罰款共計 9100 萬元。目前，新領域公司已向廣東國稅、地稅部門繳納補稅款、滯納金及罰款總計 1.65 億元。

2003 年 11 月，佛山市中級人民法院一審判處被告人施爭輝無期徒刑、江少麗有期徒刑 13 年、廖興華有期徒刑 3 年。被告單位新領域公司犯偷稅罪，判處罰金人民幣 1.04 億多元。

評註：

偷稅罪，是指納稅人、扣繳義務人故意違反稅收法規、採取偽造、變造、隱匿、擅自銷毀帳簿、記帳憑證、在帳簿上多列支出或者不列、少列收入、經稅務機關通知申報而拒不申報或者進行虛假的納稅申報的手段，不繳或者少繳應繳納稅款，情節嚴重的行為。偷稅罪是外商在經營活動中是比較容易違反的一種罪，任何應稅產品（服務）不納稅，不按規定的稅率、納稅期限納稅以及違反稅收管理體制等行為，都是對中國大陸稅收管理制度的侵犯。偷稅罪是結果犯，它必須達到法定結果才能成立。法定結果（即偷稅罪成立的最低標準）有兩個：其一，偷稅數額達一萬元以上，且占應納稅額的百分之十；其二，行為人因偷稅受到兩次行政處罰又偷稅的。這兩點呈並列關係，行為人只要具備其中一點，即可構成偷稅罪。對多次犯，未經處理的，按照累計數額計算。本案我們還沒有看見法院的判決，需要說明的是根據中國大陸稅法的規則，銷項減去進項，進項如果沒有取得的話，就變成純粹按照銷項給你認定偷稅稅額。案一中，黃仁傑偷稅稅額很大一部分進貨是沒有取得進項發票，導致偷稅稅額達到 1000 多萬元。所以，作為經營者，特別是港澳臺及外國的投資者更應該注意，自己既是消費者有獲取發票的權利，又是銷售商，有給付發票的義務，如果沒有正確享受這個權利或不履行這個義務，都會給自己帶來不利的後果。因此，在進行商務或者勞務的過程中一定要主動索取發票，或者說給付發票，每個環節做到透明合法，對雙方都是有利的。

虛開增值稅專用發票、用於騙取出口退稅、抵扣稅款發票案

（刑法第 205 條）

虛開增值稅專用發票或者虛開用於騙取出口退稅、抵扣稅款的其他發票，虛開的稅款數額在一萬元以上或者致使國家稅款被騙數額在五千元以上的，應予追訴。

案情：

　　被告人廖某，男，44 歲，漢族，臺灣省臺北市人，大學畢業，原係上海某機械設備有限公司總經理，因涉嫌虛開增殖稅發票罪於 2001 年 9 月被公安機關刑事拘留。同年 10 月轉為逮捕。同時涉案的被告人還有上海籍魏某，魏某原為該公司法定代表人。

被告人王某原為上海某氣動器材有限公司總經理。2001 年 12 月，上海市虹口區人民檢察院以廖某、魏某犯虛開增值稅專用發票罪向同級人民法院提起公訴。法院經審理查明，魏某與廖某等人商定，於 1999 年 4 月由臺方假借魏某等人的名義，在本市註冊成立了上海某機械設備有限公司，由魏某任法定代表人，負責對外銷售工作，廖某負責公司的全面管理，並擔任總公司，同時對外聯繫貨源。同年 9 月，魏、廖經商議後決定，尋找他人為本公司虛開增值稅發票，用於抵扣進項稅款。之後，由魏某找到王某，要求王某為魏某、廖某的公司虛開增值稅專用發票，雙方還約定，魏某以價稅總額的 4.5% 支付給王某，王再以價稅總額的 0.7% 返利給魏某等人。2000 年 3 月與 7 月，王某先後通過某市某工貿有限公司為魏、廖的公司虛開增值稅專用發票 64 份，價稅合計人民幣

2710130.88 元，其中稅額合計人民幣 393779.70 元分別交給魏某和顧某，上述發票均由魏、廖公司財務人員向稅務機關申報予以抵扣。王某按約收取魏等人支付的開票費計人民幣 121955.89 元，並返還給魏、顧個人人民幣 18970 元。其中，在 2000 年 9 月，魏讓顧某具體與王某聯繫開票、支付工本費和收取返利款。2001 年 9 月 12 日，廖某因違法經營被公安、工商機關查處，廖某主動交待了其公司通過魏某聯繫王某虛開增值稅專用發票的事實。

評註：

　　本罪犯罪侵犯的客體是我過的稅收徵收管理制度。根據 1996 年最高人民法院的「解釋」，虛開增值稅專用發票或者用於騙取出口退稅、抵扣稅款的其他發票的行為可以區分為三種情形：(1)沒有貨物購銷或者沒有提供或者接受應稅勞務而為他人、為自己、讓他人為自己、介紹他人開具專用發票。(2)有貨物購銷或者提供或接受應稅勞務，但為他人、為自己、讓他人為自己、介紹他人開具數量或金額不實的專用發票(3)進行了實際經營活動，但讓他人為自己代開專用發票。刑法上規定此罪的主體為一般主體，單位和個人皆可，包括開票人，受票人和介紹人。

非法出售增值稅專用發票案

（刑法第 207 條）

　　非法出售增值稅專用發票二十五份以上或者票面額累計在十萬元以上的，應予追訴。

案情：

> 　　被告人蔡強利，臺灣人，男，原珠海新城區龍發貿易部法人代表。
>
> 被告人蔡強利利用其擔任珠海新城區龍發貿易部法人代表之際，於 1994 年 7 月通過欺騙手段獲得一般納稅人資格後，先後從稅務機關領購 10 本共 250 份增值稅專用發票（其中百萬元版 8 本，萬元版 2 本），並陸續全部非法出售。最後查證落實的 52 份增值稅專用發票全部被虛開，涉及北京、廣東等 9 省市 20 家企業，價稅合計達 4.12 億餘元，給國家造成了巨大經濟損失。法院對此作出一審判決：蔡強利犯非法出售增值稅專用發票罪，判處無期徒刑，剝奪政治權利終身，並處罰金 10 萬元。

評註：

　　非法出售增值稅專用發票罪，是指違反國家有關發票管理法規，故意非法出售增值稅專用發票的行為。中國大陸對增值稅專用發票實行嚴格的管理制度，《中華人民共和國發票管理辦法》和國家稅務總局制定的《增值稅專用發票使用規定》的規定，禁止盜買盜賣發票，增值稅專用發票的發售單位只能是主管稅務機關，任何

單位和個人都無權出售增值稅專用發票，非法出售增值稅專用發票的行為就是犯罪行為，按刑法第 207 條和全國人大常委會《關於懲治虛開、偽造和非法出售增值稅專用發票犯罪的決定》第 3 條的規定予以處罰。

非法購買增值稅專用發票、購買偽造的增值稅專用發票案

（刑法第 208 條第 1 款）

非法購買增值稅專用發票或者購買偽造的增值稅專用發票二十五份以上或者票面額累計在十萬元以上的，應予追訴。

案情：

> 被告人張惠彬，女，1971 生 1 月 3 日出生於廣東省潮陽市，租住於潮陽市峽山鎮拱橋村，因涉嫌購買偽造的增值稅專用發票於 2000 年 9 月 29 日被逮捕。
>
> 2000 年 3 月下旬，被告人張惠彬以每本 65 元人民幣的價格，向曾珠玉購買偽造的增值稅專用發票 40 本、共計 1000 份（尚未付款），藏放在家中準備伺機銷售。2000 年 8 月 25 日公安機關在張惠彬家中將其逮捕，當場查獲偽造的增值稅專用發票 1159 份，已開具內容的偽造的電腦增值稅專用發票 69 份，偽造普通發票 1593 份，偽造電腦增值稅專用發票銷貨清單 37 本，偽造合同專用章 3 枚。被告歸案後認罪態度較好，有悔罪表現，可酌情從輕處罰。據此，法院對被告人張惠彬犯購買偽造的增值稅專用發票罪，判處有期徒刑三年，並處罰金人民幣 3 萬元。

評註：

　　非法購買增值稅專用發票、購買偽造的增值稅專用發票罪，是指違反國家發票管理法規，非法購買增值稅專用發票或者購買偽造的增值稅專用發票的行為。明知是偽造的增值稅專用發票而購買的行為實質上就是非法購買。判斷是否屬於「購買偽造的行為」，要依行為人主觀上的確認而定，如果確認是偽造的而購買，即屬本項意義上的購買。明知偽造而購買，不論其手段與方式，亦不論從何人何處購買，都可構成本罪。非法購買增值稅專用發票、偽造的增值稅專用發票後，若又虛開或者出售的，既構成非法購買增值稅專用發票、偽造的增值稅專用發票行為，又構成虛開增值稅專用發票行為、出售偽造的增值稅專用發票行為、非法出售增值稅專用發票行為，這屬於刑法理論上的牽連犯，在處理上不作為數罪，按重罪吸收輕重原則，擇一重罪，從重處罰。本案中購買偽造的增值稅專用發票尚未出售或者出售行為尚未達到，追究刑事責任時，按購買偽造的增值稅專用發票罪定罪處罰是正確的。

假冒註冊商標案

（刑法第 213 條）

　　未經註冊商標所有人許可，在同一種商品上使用與其註冊商標相同的商標，涉嫌下列情形之一的，應予追訴：

1、　個人假冒他人註冊商標，非法經營數額在十萬元以上的；
2、　單位假冒他人註冊商標，非法經營數額在五十萬元以上的；
3、　假冒他人馳名商標或者人用藥品商標的；
4、　雖未達到上述數額標準，但因假冒他人註冊商標，受過行政處罰二次以上，又假冒他人註冊商標的；
5、　造成惡劣影響的。

案例一：

> 　　被告人趙某，52 歲，臺灣籍，原係臺灣加通企業有限公司總經理。
>
> 自 2003 年始，趙氏兄弟在滬非法設立臺灣加通企業有限公司上海辦事處，以銷售假冒汽車配件為業，聘用臺灣人「黑皮」常住大陸負責在上海、浙江、江蘇等地物色假冒汽車配件的供應廠家，兄弟兩人則負責與中東地區客戶聯繫訂單事宜，並夥同「黑皮」偽造多份日本國駐中東某國「豐田」「尼桑」「馬自達」「三菱」總經銷中心的「授權書」，然後再「授權」給浙江玉環華龍公司等蘇、浙、滬三省市共 100 餘戶生產廠家，訂制大量假冒的離合器、軸承等各種汽車配件及外包裝產品。2005 年 2 月初，上海虹口公安分局有人報：「浙江玉環華龍離合器有限公司為上海臺灣加通企業有限公司生產大量假冒日產汽車商標的配件用於出口。玉環地區還有很多戶廠家也在為這家臺灣公司生產各種假冒的汽車配件。預計涉案價值超過千萬。」然而上海市範圍內沒有「臺灣加通企業有限公司」或相近名稱的單位。虹口警方著手此案，抓獲犯罪嫌疑人。已查明這是一起案值達 4000 萬餘元人民幣、有組織、有規模的特大跨國銷售假冒註冊商標商品案。目前，4 名犯罪嫌疑人以假冒註冊商標罪被檢察機關起訴至虹口區法院。

案例二：

> 　　被告人宗荷英，男，46歲，浙江省義烏無業人員。
>
> 被告人宗荷英於2001年4月至2003年1月期間，購進製造牙膏的設備、原料和包裝等，未經註冊商標人許可，先後在不同地區租用廠房，雇用江西省玉山縣農民林忠明生產假冒「佳潔士」等已註冊商標的牙膏，並由金華市人黃建華負責將假牙膏運往義烏等地託運處，再按宗荷英要求銷往武漢王彥平、瀋陽趙家榮等處。2003年1月10日，金華市公安局在宗荷英原金華市陽光大棚骨架廠廠房及租用倉庫內共查獲假冒名牌牙膏15200支，共計銷售金額為人民幣80580元。當日，宗荷英、林忠明被抓獲歸案。1月18日，黃建華也被公安機關抓獲。浙江省金華市人民法院在開庭過程中，三名被告人皆無異議並有供述，而且證據齊全。鑒於三名被告在審判過程中認罪態度良好，金華市法院給予酌情從輕處罰。對被告人宗荷英犯假冒註冊商標罪，判處有期徒刑二年，罰金人民幣80000元；林忠明有期徒刑徒刑一年，罰金25000元；黃建華有期徒刑一年，罰金20000元。

評註：

　　假冒註冊商標罪，是指未經註冊商標所有人許可，在同一種商品上使用與其註冊商標相同的商標，情節嚴重的行為。本罪所侵害的客體是國家有關商標的管理制度和他人的註冊商標的專用權。犯罪對象是他人已經註冊的商品商標，能成為本罪對象的商標必須符合下列條件：第一，是商品商標，而非服務商標，即使有人假冒服務商標，亦不構成本罪。第二，是已註冊的商標，非註冊的商標即

使有人假冒，也不構成侵權，更不能構成犯罪。第三，是他人的商標，對於自己使用的商標，自然談不上假冒。第四，是未超過有效期限的有效商標。本罪在客觀方面表現為行為人未經註冊商標所有人許可，在同一種商品上使用與他人註冊商標相同的商標，情節嚴重的行為。對於「相同」的認定，則應以是否足以使一般消費者誤認為是註冊商標為標準。本罪在主觀方面表現為故意，「以營利為目的」不是假冒他人註冊商標罪的必要構成要件。假冒註冊商標罪的犯罪構成的四要件是區分罪與非罪的標準，根據法律規定，假冒註冊商標罪的成立，必須具備犯罪構成四要素的形式條件和情節嚴重的實質條件，凡不具備的，就不能作為犯罪處理，有些只能是一般的商標侵權行為。本案就具備犯罪構成四要素的形式條件和情節嚴重的實質條件，因此，應按刑法第 213 條的規定判處。

非法經營案

（刑法第 225 條）

違反國家規定，採取租用國際專線、私設轉接設備或者其他方法，擅自經營國際電信業務或者涉港澳臺電信業務進行營利活動，涉嫌下列情形之一的，應予追訴：

1、 經營去話業務數額在一百萬元以上的；
2、 經營來話業務造成電信資費損失數額在一百萬元以上的；
3、 雖未達到上述數額標準，但因非法經營國際電信業務或者涉港澳臺電信業務，受過行政處罰二次以上，又進行非法經營活動的。

非法經營外匯，涉嫌下列情形之一的，應予追訴：

1、 在外匯指定銀行和中國外匯交易中心及其分中心以外買賣外匯，數額在二十萬美元以上的，或者違法所得數額在五萬元人民幣以上的；

2、 公司、企業或者其他單位違反有關外貿代理業務的規定，採用非法手段，或者明知是偽造、變造的憑證、商業單據，為他人向外匯指定銀行騙購外匯，數額在五百萬美元以上的，或者違法所得數額在五十萬元人民幣以上的；

3、 居間介紹騙購外匯，數額在一百萬美元以上或者違法所得數額在十萬元人民幣以上的。

違反國家規定，出版、印刷、複製、發行非法出版物，涉嫌下列情形之一的，應予追訴：

1、 個人非法經營數額在五萬元以上的，單位非法經營數額在十五萬元以上的；

2、 個人違法所得數額在二萬元以上的，單位違法所得數額在五萬元以上的；

3、 個人非法經營報紙五千份或者期刊五千本或者圖書二千冊或者影音製品、電子出版物五百張（盒）以上的，單位非法經營報紙一萬五千份或者期刊一萬五千本或者圖書五千冊或者影音製品、電子出版物一千五百張（盒）以上的。

未經國家有關主管部門批准，非法經營證券、期貨或者保險業務，非法經營數額在三十萬元以上，或者違法所得數額在五萬元以上的，應予追訴。

從事其他非法經營活動，涉嫌下列情形之一的，應予追訴：

1、 個人非法經營數額在五萬元以上，或者違法所得數額在一萬元以上的；

2、 單位非法經營數額在五十萬元以上，或者違法所得數額在十萬元以上的。

案例：

1997 年初，臺灣華渝國際股份有限公司董事會主席鄭永森在上海設立華良集團（未在工商部門登記註冊）管理處。同年 4 月在湖南長沙成立華良長沙公司，主要生產海豹油等產品，開始從事非法傳銷活動。到 2001 年 3 月 19 日，警方對這起特大非法經營案的偵破，傳銷窩點遍及全國 25 個省市自治區的 75 個城市、18 個月內傳銷金額 2．9 億元、受騙群眾 20 多萬人。

經審查，這是以上海華良公司總部為核心、網點遍佈全國許多地方的特大非法傳銷案。犯罪集團的核心人物來自臺灣。楊洪只是龐大傳銷犯罪集團中的一個小人物，以他為首的三明服務站隸屬華良公司福州分公司。華良公司在非法傳銷活動中編造了「連鎖專賣，特許經營，捆綁銷售，共用資源，直複行銷，互動互惠」的行銷理念，採取會員制網路傳銷，在全國招募促銷員發展下線，並規定每位加盟人員須先購買一份 1680 元或 5040 元主要是華良公司基地生產的傳銷產品。加盟人員根據銷售積分，領取不同數額的「紅利」。假投資真犯罪、傳銷產品自產自銷，是「華良」與其他一般非法傳銷案的最大區別。鐘沛霖，臺灣人，華良公司傳銷犯罪集團的

儲運主管。鐘沛霖於 2000 年 3 月加入華良公司開始傳銷，每月領取報酬新臺幣 6 萬元（折合人民幣 14694 元），鐘沛霖明知傳銷在內地屬違法行為，仍然指使其下屬人員向華良公司各地分公司託運傳銷物品，並開設兩個郵政號與各地分公司聯繫傳銷業務，鐘沛霖共獲取非法所得新臺幣 66 萬元（折合人民幣 16 萬多元）。王巧雲，2000 年 4 月加入華良公司進行傳銷活動，任財務主管，月薪 61800 元新臺幣（折合人民幣 14733 元），她接手財務部後，指使財務部人員開設私人帳戶，用作公司專用傳銷賬戶，並為各地分公司傳銷加盟人員發放紅利，王巧雲獲取非法所得新臺幣 74 萬多元（折合人民幣 17 萬多元）。三明市梅列區人民法院認定被告人王巧雲犯非法經營罪，判處有期徒刑四年，並處罰金人民幣 20 萬元、被告人鐘沛霖犯非法經營罪，判處有期徒刑三年六個月，並處罰金人民幣 18 萬元。

評註：

　　非法經營罪是違反國家規定，進行非法經營，擾亂市場秩序，情節嚴重的行為。非法經營罪是情節犯，只有在非法經營的行為達到情節嚴重的程度，才能認定為犯罪。刑法第 225 條以非法經營行為情節構成非法經營罪的行為具有行政違法性。本案根據最高人民法院《關於情節嚴重的傳銷或者變相傳銷行為如何定性問題的批覆》按照非法經營罪定罪來確定的。

職務侵佔案

（刑法第 271 條第 1 款）

公司、企業或者其他單位的人員，利用職務上的便利，將本單位財物非法占為己有，數額在五千元至一萬元以上的，應予追訴。

案情：案例一

邱錦洲，男，34 歲，臺灣臺北市人。2004 年 5 月 11 日，惠陽警方接到臺資企業聯輝電機（惠陽）有限公司報稱：該公司被人虛構訂貨單，騙取整流器 11.65 萬個，價值人民幣 100 餘萬元，經手此業務的公司業務經理邱錦洲不知去向。據查，聯輝電機公司於 2003 年 12 月份接到深圳漢興電子實業有限公司訂單 3 份，分別訂購了 41 型整流器 10.6 萬個，57 型整流器 10552 個。這批貨物於 2004 年 1 月 2 日、1 月 31 日分別被人提走，直到 4 月初貨款仍未能收回，而該訂單經手人業務經理邱錦洲也於 4 月 20 日失蹤。種種跡象表明，業務經理邱錦洲有職務侵佔的重大嫌疑。7 月 25 日，邱錦洲被抓獲歸案，繳獲贓款 8.5 萬元，暫扣小汽車一輛。經審訊，犯罪嫌疑人邱錦洲對利用職務之便詐騙公司貨物的犯罪事實供認不諱。據疑犯交代，為維持其高消費生活、籌集與女友劉楊琴的結婚費用，邱錦洲利用自己在聯輝公司任業務經理的職務之便，與女友劉楊琴合謀，從 2003 年底開始，以假公司、假訂單的名義騙取公司的貨物出賣謀利。並由劉楊琴負責虛構公司、設計訂單，刻製假公章，租借倉庫，物色「幫手」，尋找貨主，邱錦洲負責接單，組織生產。貨物到手後，邱以 30 萬元的低價將價值百萬元人民幣的電子整流器拋售。當事情敗露後，邱錦洲於 4 月 20 日棄工潛逃。目前，專案組正在全力追捕其他涉案人員、追繳贓款。

案例二：

1995 年 1 月，時任開寶公司經理、副經理、綜合管理員的被告張忠健、彭錦秀、孫秀玉會同徐冬方與開寶公司，以各出資 10 萬元的方式又成立了經營範圍和開寶公司相類同的建順公司（開寶公司實際出資 10 萬元，被告張忠健、彭錦秀、孫秀玉實際各出資 8 萬元、4 萬元、2 萬元，徐冬方實際出資 2 萬元），並分別兼任建順公司董事長、經理、出納職務，同時經營管理建順公司。至 1996 年，開寶公司的上級單位寶鋼生產協力公司規定其下屬公司不得開辦三產，建順公司即停業。1997 年 11 月，三名被告在未召開股東大會決議解散和成立清算小組的情況下，擅自將出售建順公司位於密山路的商品房款 274245 元，採用支票背書不入賬的方式，借給上海興滬鋼廠。1998 年 1 月 12 日，又將建順公司 25755 元以支付貨款的方式出借給上海興滬鋼廠。同年 5 月，三名被告利用職務便利，從開寶公司處截留了上海興滬鋼廠在開寶公司處的勞務費 30 萬元銀行匯票三張，作為上海興滬鋼廠歸還建順公司的上述兩筆欠款。爾後，三名被告將三張銀行匯票以貼現的形式又借給吳縣農用掛機廠。1998 年底至 1999 年期間，三名被告人陸續從吳縣農用掛機廠套現 30 萬元後私分，各分得贓款人民幣 10 萬元。2001 年 12 月 26 日、2002 年 1 月 15 日在單位組織查詢下三名被告主動交代了犯罪事實。案發後被告人張忠健、彭錦秀、孫秀玉已退還了全部贓款。法院經審理認為：被告人張忠健、彭錦秀、孫秀玉身為公司工作人員，利用職務便利，將本單位的財物非法占為己有，數額巨大，其行為已構成職務侵佔罪，判決如下：張忠健犯職務侵佔罪，判處有期徒刑三年，緩刑三年；彭錦秀

█ 大陸律師考試必中攻略 ▶

182

> 犯職務侵佔罪，判處有期徒刑三年，緩刑三年；孫秀玉犯職務侵佔罪，判處有期徒刑三年，緩刑三年；在案贓款人民幣30萬元依法發還被害單位。

評註：

　　職務侵佔罪是指公司、企業或其他單位的人員，利用職務上的便利，將本單位財物非法占為己有，達到法定數額的行為。本罪的被害法益是公司、企業或其他單位的財物所有權。根據公司法規定，企業在歇業後和清算期間，其法人資格仍然存在，公司享有由股東投資形成的全部法人財產權。公司尚未完結清算工作，在此期間公司的一切財產屬公司所有，任何個人或組織都不得擅自佔用或處置。行為人及辯護人辯稱行為人所得的錢款為其應得的利潤，但從本案行為人取得錢款的過程和取得該錢款的性質來看，行為人利用職務上的便利，將本企業變賣房屋取得的錢款通過其他企業間的多次流轉後，再予以私分，其主觀上具有非法佔有之故意。他們侵犯的是公司的財物所有權。

附件

教留服认　（　）

臺灣地區學歷學位認證申請表

（港澳居民適用）

申请人姓名　　＿＿＿＿＿＿＿＿＿＿＿日
填表日期　　＿＿年＿＿月＿＿日
受理日期　　＿＿年＿＿月＿＿日

中华人民共和国大陆教育部留学服务中心制表
电子邮件：interco@cscse.com.cn
http://www.cscse.edu.cn

姓名汉字			性别		出生日期	年　月　日
国籍		出生地		国省 / 自治区 / 直辖市 / 特别行政区		
入学日期			毕业日期			
台湾地区就读学校、院系（或实验室）名称	学校					
	院系					
学习专业						
导师姓名						
导师联络方式（E-mail）						
学校联络方式	电话：					
	传真：					
	网址：					
	地址：					
取得何种学位或证书						
备注：						

填表说明

一、表内所列各项请一律用钢笔或圆珠笔如实填写。字迹要端正，清楚。

二、表内年、月、日一律采用公历。

三、交表时同时需递交下列材料：

    1、二寸或小二寸彩色证件照一张；

    2、香港或澳门居民身份证明复印件，验看原件；

    3、港澳居民往来内地通行证复印件，验看原件；

    4、本人在台湾居留证明复印件，验看原件；

    5、所获学位证书复印件，验看原件；

    6、学习成绩单复印件，验看原件；

    7、硕士以上（含硕士）学位获得者，应提供毕业论文目录及摘要。

四、栏目空间不足时请另附纸。

五、申请人联络方式（为了便于及时联络，请您务必将下列内容填写详细、准确）

    申请人姓名：

    联络电话：

    E-mail:

    通讯地址：

六、如需要以快递方式邮寄学历学位认证书，请在下面横线处注明"要求快递"字样，并在选定的快递公司前打"✔"）。

_____   □EMS　　　　□DHL

2008 年国家司法考试报名表

（台湾居民）　　　2008 年　　月　　日

姓名	中文		相片 (1寸)
	英文		
性别		男□ 女□　出生日期　□□□□年 □□月 □□日	
居民身份证号码			
台湾地区代码		□□□□□□	
是否法学学士		是□　　否□	
最高学历学位		学历学位 授予院校	
从业状况		律师业□　金融经济□　会计□　贸易□　公司行政人员□ 政　府□　医疗科学□　教育□　学生□　其　　　　　他□	
服务机构			
所住区域		大陆□　　香港地区□　　澳门地区□　　台湾地区□	
联系方式	联络地址		邮政编码
	联络电话	固定电话□□□□□□□□□□□ 移动电话□□□□□□□□□□□	电子信箱
本人承诺		1、无《国家司法考试实施办法（试行）》规定的不能报名参加考试的情形； 2、以上所填内容属实，提供材料真实，并承担相应法律后果； 3、服从考试管理，自愿遵守各项国家司法考试规则、纪律。 签名：　　　　　年　月　日	
报名机关承办人意见： 签字：	报名机关审核意见： （盖章）	国家司法考试办公室审核意见： （盖章）	

中华人民共和国司法部　制

现场审核号□□□□□□□

（以上报名机关填写，考生网上报名时不显示）

2008 年国家司法考试报名表

2008 年　　月　　日

姓名			性别	男□　女□	相片 (1寸)
出生年月	□□□□年□□月□□日	党派			
民族		证件种类	居民身份证□ 军官证□ 士兵证□		
证件号码	□□□□□□□□□□□□□□□□□□	是否异地报名	是□　否□		
户籍代码	□□□□□□（汉字名称）		试卷文字选择		汉文□ 蒙文□ 朝文□ 维文□ 哈文□ 藏文□

学习经历、最高学历					
学历	毕业时间	专业、学科	院校代码	毕业证编号	学习形式
法律专科	□□□□年□□月		□□□□□		全日制□其他□
本科 在读	□□□□年□□月		□□□□□		全日制□其他□
本科 毕业	□□□□年□□月		□□□□□		全日制□其他□
二学士学位	□□□□年□□月		□□□□□		全日制□其他□
硕士研究生	□□□□年□□月		□□□□□		全日制□其他□
博士研究生	□□□□年□□月		□□□□□		全日制□其他□

从业状况	法院□　检察院□　律　师　业□　公证业□　其它法律职业□ 公安□　司法行政□　其它国家机关□　企事业□　无业□　其他□	
工作单位		

联系 方式	通信地址		邮政编码	
	固定电话 □□□□□□□□□□□□	移动电话 □□□□□□□□□□□	电子信箱	

本人承诺	1、无《国家司法考试实施办法（试行）》规定的不能报名参加考试的情形； 2、以上所填内容属实，提供材料真实，并承担相应法律后果； 3、服从考试管理，自愿遵守各项国家司法考试规则、纪律。 <div align="right">签名：　　　　年　月　日</div>

报名机关承办人意见： 签字：	报名机关审核意见： （盖章）	省（区、市）司法行政机关审核意见： （盖章）
备注		

中华人民共和国司法部　制

國家圖書館出版品預行編目

大陸律師考試必中攻略 / 吳天愛著. -- 一版.
-- 臺北市：秀威資訊科技, 2008.06
面； 公分. -- (學習新知類；PD0004)

ISBN 978-986-221-031-4(平裝)

1. 律師 2. 考試指南 3. 中國

586.7   97010986

 學習新知類　PD0004

大陸律師考試必中攻略

作　　者 / 吳天愛
主　　編 / 彭思舟
發 行 人 / 宋政坤
執行編輯 / 賴敬暉
圖文排版 / 郭雅雯
封面設計 / 蔣緒慧
數位轉譯 / 徐真玉　沈裕閔
圖書銷售 / 林怡君
法律顧問 / 毛國樑　律師
出版印製 / 秀威資訊科技股份有限公司
　　　　　臺北市內湖區瑞光路 583 巷 25 號 1 樓
　　　　　電話：02-2657-9211　　傳真：02-2657-9106
　　　　　E-mail：service@showwe.com.tw
經 銷 商 / 紅螞蟻圖書有限公司
　　　　　臺北市內湖區舊宗路二段 121 巷 28、32 號 4 樓
　　　　　電話：02-2795-3656　　傳真：02-2795-4100
　　　　　http://www.e-redant.com

2008 年 6 月 BOD 一版
定價：200 元

・請尊重著作權・
Copyright©2008 by Showwe Information Co.,Ltd.

讀者回函卡

感謝您購買本書，為提升服務品質，請填妥以下資料，將讀者回函卡直接寄回或傳真本公司，收到您的寶貴意見後，我們會收藏記錄及檢討，謝謝！如您需要了解本公司最新出版書目、購書優惠或企劃活動，歡迎您上網查詢或下載相關資料：http:// www.showwe.com.tw

您購買的書名：_____

出生日期：_____年_____月_____日

學歷：□高中 (含) 以下　　□大專　　□研究所 (含) 以上

職業：□製造業　□金融業　□資訊業　□軍警　□傳播業　□自由業
　　　□服務業　□公務員　□教職　　□學生　□家管　　□其它_____

購書地點：□網路書店　□實體書店　□書展　□郵購　□贈閱　□其他

您從何得知本書的消息？

　□網路書店　□實體書店　□網路搜尋　□電子報　□書訊　□雜誌
　□傳播媒體　□親友推薦　□網站推薦　□部落格　□其他_____

您對本書的評價：(請填代號　1.非常滿意　2.滿意　3.尚可　4.再改進)

　封面設計____　版面編排____　內容____　文／譯筆____　價格____

讀完書後您覺得：

　□很有收穫　□有收穫　□收穫不多　□沒收穫

對我們的建議：_____

_____

_____

_____

請貼
郵票

11466

台北市內湖區瑞光路 76 巷 65 號 1 樓

秀威資訊科技股份有限公司 收

BOD 數位出版事業部

....

（請沿線對折寄回，謝謝！）

姓　　名：＿＿＿＿＿＿＿＿＿＿　年齡：＿＿＿＿　性別：□女　□男

郵遞區號：□□□□□

地　　址：＿＿＿＿＿＿＿＿＿＿＿＿＿＿＿＿＿＿＿＿＿＿＿＿＿

聯絡電話：(日)＿＿＿＿＿＿＿＿＿＿＿　(夜)＿＿＿＿＿＿＿＿＿＿＿

E-mail：＿＿＿＿＿＿＿＿＿＿＿＿＿＿＿＿＿＿＿＿＿＿＿＿＿